BEI GRIN MACHT SICH IHR WISSEN BEZAHLT

- Wir veröffentlichen Ihre Hausarbeit, Bachelor- und Masterarbeit

- Ihr eigenes eBook und Buch - weltweit in allen wichtigen Shops

- Verdienen Sie an jedem Verkauf

Jetzt bei www.GRIN.com hochladen und kostenlos publizieren

Marion Schäfer

Am Ende bleibt Liebe – mein geliebter Mann stirbt an Krebs

Ein langer und schier unmenschlicher Leidensweg

GRIN Verlag

Bibliografische Information der Deutschen Nationalbibliothek:

Die Deutsche Bibliothek verzeichnet diese Publikation in der Deutschen National-bibliografie; detaillierte bibliografische Daten sind im Internet über http://dnb.d-nb.de/ abrufbar.

Impressum:

Copyright © 2012 GRIN Verlag GmbH
Druck und Bindung: Books on Demand GmbH, Norderstedt Germany
ISBN: 978-3-656-17223-9

Dieses Buch bei GRIN:

http://www.grin.com/de/e-book/192287/am-ende-bleibt-liebe-mein-geliebter-mann-stirbt-an-krebs

GRIN - Your knowledge has value

Der GRIN Verlag publiziert seit 1998 wissenschaftliche Arbeiten von Studenten, Hochschullehrern und anderen Akademikern als eBook und gedrucktes Buch. Die Verlagswebsite www.grin.com ist die ideale Plattform zur Veröffentlichung von Hausarbeiten, Abschlussarbeiten, wissenschaftlichen Aufsätzen, Dissertationen und Fachbüchern.

Besuchen Sie uns im Internet:

http://www.grin.com/

http://www.facebook.com/grincom

http://www.twitter.com/grin_com

Marion Schäfer

Am Ende bleibt Liebe –
mein geliebter Mann stirbt an Krebs

Ein langer und schier unmenschlicher Leidensweg

Ein Jahr danach

Ich habe nicht gezögert, über die Begleitung und Betreuung meines geliebten Ehemannes

Dr. Meinhard Schäfer

während der Diagnose „Krebs" und in der Zeit des Sterbens zu schreiben.

Persönliche Freunde nenne ich beim Vornamen; Ärzte und Therapeuten erscheinen als Abkürzung oder unter einem Pseudonym.

Dieses Buch ist ein Auszug aus dreieinhalb Jahren meines Tagebuches.

Es war *Meinhards* und unser Weg als Familie von dem Beginn seiner Erkrankung bis zu seinem Tod.

Dieses Buch widme ich meinem ewig liebsten *Meinhard* sowie meinen Kindern *Florian* und *Lara*.

Marion Schäfer

Vorwort

Die Diagnose „Krebs" ist schockierend. Gegen die Krebserkrankung ankämpfen – sie vielleicht besiegen. Dieses Ziel nehmen sich an Krebs erkrankte Frauen, Männer und selbst Kinder immer wieder vor. An die Schulmedizin und alternative Behandlungsmethoden setzen die Erkrankten hohe Erwartungen. Die Krebspatienten leiden nicht nur unter der Erkrankung, sondern sie leiden auch – zusammen mit Angehörigen und sonst nahestehenden Personen – unter den Therapien mit zum Teil Wahnsinnsschmerzen.

Meinhard Schäfer, Dr. der Zahnmedizin, erhält im Oktober 2007 die niederschmetternde Diagnose: Verdacht auf Prostatakarzinom. Nun beginnt für ihn und seine Familie eine nahezu unbeschreibliche Leidenszeit bis zu seinem Tod im März 2011.

Marion Schäfer hat die Leidenszeit ihres Mannes und das mitfühlende Leiden ihrer Familie und von Freunden in einem Tagebuch festgehalten und sich dazu entschlossen, diesen bedrückenden Lebensabschnitt „ungeschminkt" zu veröffentlichen.

Das Schreiben dieses Buches hatte viele Beweggründe. Es dient *Marion Schäfer* auch dazu, diese Leidenszeit zu verarbeiten und zu bewältigen. Die Erinnerungen an eine glückliche Ehe und ein glückliches Familienleben sind immer gegenwärtig. Die Zeit heilt zwar keine Wunden, aber das Leben geht irgendwie weiter. Das ist sich *Marion Schäfer* und besonders ihren Kindern *Florian* und *Lara* schuldig. Man versucht, mit dem Unbegreiflichen zu leben.

Bad Iburg, im März 2012

Inhalt

Kapitel 1
Tagebuch, Rückblick und traurige Gewissheit

Tagebucheintragung am 09.10.2007: Schicksalsschlag.

Meinhard und ich sind in diesem Jahr 28 Jahre glücklich verheiratet und seit 34 Jahren ein Paar. Bereichert wurde unsere Beziehung durch unsere Kinder *Florian* und *Lara*. Zu dieser Zeit ist *Florian* 19 Jahre alt und besucht die Fachoberschule Agrarwirtschaft in Osnabrück; *Lara* ist 18 Jahre alt und besucht das Wirtschaftsgymnasium in Osnabrück im 12. Schuljahr.

Während *Meinhard* seinen Traumberuf als Zahnmediziner verwirklichen konnte, habe ich ihm in all den Jahren „den Rücken freigehalten". Angefangen mit dem Studium der Zahnmedizin im Oktober 1981 und der Approbation als Zahnarzt im November 1987 über die Selbständigkeit im Mai 1990, die Promotion im Juli 1991 oder das Masterstudium mit dem Abschluss „Master of Science Parodontologie" im März 2004.

Seit ca. 14 Tagen ist in *Meinhards* Urin mal mehr und mal weniger Blut. Daraufhin bittet er mich, am Freitag, dem 5.Oktober 2007, einen Termin bei einem Urologen zu organisieren. Nach vielen vergeblichen Telefonaten bekomme ich endlich kurzfristig für Dienstag, den 9. Oktober 2007, in der Praxis *Dr. H. & V.* in Osnabrück einen Termin. Die Autofahrt zur Praxis ist sehr belastend. Totenstille.

Mein lieber Schatz *Meinhard* erfährt die Diagnose: Prostatakarzinom[1], fraglich kapselüberschreitend. Der PSA-Wert[2] wird auf 14,5 ng/ml bestimmt. Die Tumorgröße 5 x 4,4 cm. So groß wie die Prostata.

---

[1] Der **Prostatakrebs** (medizinisch: Prostatakarzinom; PCa) ist eine bösartige Tumorerkrankung und geht vom Drüsengewebe der Vorsteherdrüse (Prostata) aus. In Deutschland sterben knapp drei von 100 Männern an Prostatakrebs.[1][2] Der Prostatakrebs gehört zu den häufigsten Krebserkrankungen des Mannes: innerhalb der Gruppe der an Krebs verstorbenen Männer ist er für etwa zehn Prozent der Todesfälle verantwortlich und stellt damit die dritthäufigste tödliche Krebserkrankung nach Lungen- und Darmkrebs dar.[2] ... (Prostatakrebs – Wikipedia)

[2] Vgl. ... Die **PSA-Werte** der meisten gesunden Männer liegen unter 4 ng/ml Blut. Mit Hilfe des PSA-Wertes werden auch frühe Tumorerkrankungen erkannt, die nicht getastet werden können. Bei Werten unter 10 ng/ml ist ein Prostatakarzinom oft noch auf die Prostata begrenzt. Liegt der Wert allerdings höher, so kann bereits eine Ausbreitung, beispielsweise in die Lymphknoten erfolgt sein. ... , unter: http://www.prostata.de/240.html.

Während *Meinhard* im Untersuchungszimmer ist, sitze ich unter großer Anspannung im Wartezimmer. Grauenhaft. Szenarien spielen sich in meinem Kopf ab. Ich zittere um *Meinhard*, um die Kinder und um mich.

Nach ca. einer Stunde holt er mich aus dem Wartezimmer und noch an der Rezeption stehend, teilt er mir die Diagnose „Prostatakrebs" mit. Ich habe das Gefühl, dass die Welt um mich herum zusammenbricht. *Meinhard* ist wie gelähmt. Wir fahren direkt nach Hause. Tränen fließen. Wie und wann sagen wir es *Florian* und *Lara*?

Es kommen Ängste auf. Wir weinen. Mal allein, mal zusammen. Eine Operation oder eine Hormonbehandlung kommt für *Meinhard* absolut nicht in Frage. *Meinhard*: **„Dann ist der Zeitpunkt gekommen, dass ich gehen muss. Lieber genieße ich noch die mir verbleibende Zeit."**

Noch am gleichen Tag versuchen wir telefonischen Kontakt mit *Prof. Dr. Maar* in Düsseldorf aufzunehmen. *Prof. Dr. Maar* ist Urologe. Leider „spricht" nur der Anrufbeantworter mit uns. Immer wieder versuche ich es, aber ohne Erfolg.

Kapitel 2
Thema: Prostatakrebs

Schon mehrere Jahre vor der Erkrankung befasste sich *Meinhard* mit dem Thema Prostatakrebs. Er sagte irgendwann mal zu mir: *„Wenn es mich mal erwischt, dann gehe ich zu Prof. Dr. Maar"*. Er hatte auch schon Bücher von ihm gelesen, u.a. *„Die Wahrheit über Prostatakrebs"*[3].

Meinhard will seinen Weg gehen. Er entscheidet sich ganz bewusst gegen sog. „konventionelle Behandlungsmaßnahmen". Als konventionelle Behandlungsmaßnahmen sind beispielsweise bekannt:
- Radikale Prostatektomie,
- Bestrahlung des Tumors,
- Hormontherapie,
- Chemotherapie.

Nach *Meinhards* Überzeugung kann eine Heilung oder Linderung weder durch eine Chemo- noch durch eine Strahlen- noch durch eine Hormontherapie noch durch eine radikale Prostatektomie garantiert werden, da bei Durchführung dieser konventionellen Behandlungsmaßnahmen zu einem sehr hohen Prozentsatz als Folgen
- Impotenz,
- Harn- und Stuhlinkontinenz und
- Rezidive
auftreten können.

Auch einer vorgeschlagenen Biopsie stimmt *Meinhard* nicht zu. Bei der Biopsie stanzt der Arzt mit einer Nadel mehrere Gewebeproben aus der Prostata. Bei dieser Biopsie können Krebszellen in den Blut- oder Lymphkreislauf gelangen. Der Tumor könnte daraufhin metastasieren.

Der Abend ist grausam. Das Leben hat sich gewendet. Unbeschreiblich die Diagnose Krebs. *Lara* übernachtet heute bei ihrem Freund und sie bekommt von alldem nichts mit. *Florian* bleibt in seinem Zimmer und lernt für sein Fachabitur. *Meinhard* teilt seinem Praxispartner telefonisch die Diagnose Prostatakrebs mit. Gleichzeitig lässt er ihn auch wissen, dass er für die nächste Zeit in der Praxis nicht zur Verfügung steht. *Meinhard* wird auf unbestimmte Zeit arbeitsunfähig geschrieben.

---

[3] *Prof. Dr. Klaus Maar*, Die Wahrheit über Prostatakrebs – Neue Wege in Behandlung und Vorsorge, Kopp Verlag.

In der kommenden Nacht weine ich bitterlich und Gedanken kreisen in meinem Kopf. Ich will *Meinhard* nicht verlieren.

Völlig erschöpft und traurig schleiche ich mich am nächsten Morgen aus meinem Bett. Gegen acht Uhr versuche ich nochmals telefonischen Kontakt mit *Prof. Dr. Maar* aufzunehmen und erhalte einen Termin für Freitag, den 12. Oktober 2007. *Meinhard* freut sich riesig über diese Nachricht.

Mittwoch, der 10. Oktober 2007, ist einer unser traurigsten Tage seit 34 Jahren. Heute teilen wir *Florian* und *Lara* die Nachricht Prostatakrebs mit. *Florian* ist fassungslos. Weint für sich allein und fährt in den von uns aus nahe gelegenem Wald „Freeden" zum Haasesee. Anschließend vertraut er sich einem guten Kumpel an. Für drei Wochen meldet *Florian* sich bei seinem Fußballverein vom Training und den Spielen wegen persönlicher Probleme ab.

Lara bricht in Tränen aus und umarmt ihren so geliebten Papa. Sie ist kaum zu beruhigen. Für *Meinhard* eine ganz ergreifende Situation. Die Wertigkeit des Lebens hat sich absolut geändert.

Für zwei Tage bin ich arbeitsunfähig geschrieben, denn es ist mir unmöglich, meiner Arbeit im Callcenter nachzugehen. Ich bin nicht in der Lage zu sprechen. Gleich in der Früh, am 11. Oktober, habe ich den Praxisberater von *Meinhards* Erkrankung in Kenntnis gesetzt. Herr *F.* ist sehr verständnisvoll und versucht mich zu beruhigen. Frau *Schäfer*, wir schaffen das.

Am 12. Oktober 2007 nehmen wir den Termin in der Tagesklinik *Prof. Dr. Maar* in Düsseldorf wahr. In der Tagesklinik, dem „biologischen Krebszentrum Düsseldorf", therapiert *Prof. Maar* seine Patienten nach seinen erfolgreichen Methoden. Die Praxis bietet ein intensiv-biologisches Konzept und Programm gegen Krebs, das in dieser Form einzigartig ist. Anders als in der Schulmedizin sind die Therapien ganzheitlich ausgerichtet. Sie beruhen auf *Prof. Maars* langjährigen Erfahrungen in der klinischen Praxis und der Anwendung von Naturheilverfahren.

Kapitel 3
Therapien

Prof. Dr. Maar arbeitet einen Therapieplan aus und erklärt die unterschiedlichsten Therapieformen. Bei der von *Prof. Maar* angeordneten Therapie handelt es sich um eine fachurologische, biologische und komplementäre Therapie u.a. mit Mistelinfusionen, Thymusinjektionen und Hyperthermie.

Begonnen wird mit der Therapie gleich am Montag, dem 15.10.2007. Bis Mitte Dezember fährt *Meinhard* mehrmals pro Woche nach Düsseldorf. Die Therapie schlaucht ihn ganz enorm, denn *Meinhard* wird bei jeder Behandlung in ein künstliches Fieber versetzt[4].

Parallel zu der Therapie von *Prof. Maar* nimmt *Meinhard* Kontakt zu *Dr. med. Mag. Theol. Ryke Geerd Hamer* auf, dem Erfinder der „Germanischen Neuen Medizin". Die „Germanische Neue Medizin" beschreibt die medizinisch-biologischen Zusammenhänge des lebenden Organismus, als Einheit von Psyche, Gehirn und Organ.

Worum geht es in der Germanische Heilkunde®?

In der Germanische Heilkunde® geht es um die Krankheitsursachen und damit um die ursächliche Therapie.
Man könnte auch sagen, sie erklärt uns wie unser Körper funktioniert. Gibt es ein wichtigeres Wissen? Wir stecken ein Leben lang in unserem Körper und wußten bisher nicht wie Krebs, die Allergie, die Psychosen, die Bindehautentzündung usw. funktioniert. Das erklärt uns Dr. Hamer.

Die Germanische Heilkunde® ist reine Biologie, also eine exakte Wissenschaft - aber gleichzeitig unendlich menschlich. Sie sollte unseren Kindern bereits gelehrt werden.

Sie gilt für Mensch, Tier und Pflanze.

---

[4] **Die hochdosierte intravenöse Misteltherapie** – Die genannten Hyperthermieverfahren werden ca. drei Wochen lang abwechselnd angewendet und sind eingebettet in tägliche Mistelinfusionen. Nach einer Testung, ob die Mistel überhaupt vertragen wird (von bisher über 1 000 Patienten hatten acht eine starke Unverträglichkeit), wird die Dosis schnell gesteigert, beim Präparat Vysorel® beispielsweise auf bis zu 20–25 Ampullen täglich. Um eine Apoptose (ein Absterben) der Tumorzellen zu erreichen, ist die intravenöse Hochdosistherapie erforderlich., maar Hoffnung gegen Krebs, unter: http://www.hoffnung-gegen-krebs.de /krebsintensivtherapie/kombinationstherapie.html.

"Sie bedarf keiner Dogmen, keiner Hypothesen oder sog. statistischer Wahrscheinlichkeiten. Sie ist in sich klar und logisch, für jeden normal intelligenten Menschen gut verständlich und nachvollziehbar, weil sie sich den naturwissenschaftlichen Gesetzen der kausalen Logik verpflichtet fühlt. Begriffe wie materialistisch, idealistisch oder metaphysisch sind hier primär fehl am Platze. Zwar gibt es viele Dinge in der Natur, die wir nicht verstehen und deshalb metaphysisch nennen statt metagnoisch (= über unser Verständnis hinweg), in Wirklichkeit hatten und haben wir für die meisten vermeintlich metaphysischen Phänomene nur noch keinen Verständnisschlüssel."
Dr. med. Ryke Geerd Hamer

Die Germanische Heilkunde® nach Dr. med. Ryke Geerd Hamer ist nicht erfunden oder erdacht!

■Die Germanische Heilkunde® ist eine exakte Erkenntniswissenschaft ohne einer einzigen Hypothese und an jedem x-beliebigen Patientenfall jederzeit verifizierbar!

■Mit der Germanischen Heilkunde® wird die gesamte Medizin zum ersten Mal in der Menschheitsgeschichte zu einer exakten Wissenschaft (wie z.B. die Physik), bleibt dabei aber unendlich menschlich! (Bisher war ja die Medizin eine Heil-'Kunst'.)

■Da die Krankheitsursachen bekannt sind, können diese ursächlich 'therapiert' werden, weshalb man auf jede Art von Experimenten verzichten kann.

■Aufgrund von 5 biologischen Naturgesetzmäßigkeiten, die sämtliche 'Sinnvolle Biologische Sonderprogramme' bei Mensch, Tier und Pflanze beschreiben, handelt es sich hierbei um eine Verknüpfung zwischen Entwicklungwgeschichte, Biologie und Medizin, also um ein allumfassendes und übergreifendes System!

■Die Germanische Heilkunde® gilt für Mensch, Tier und Pflanze gleichermaßen! (Auch die Maus erkrankt infolge Todesangst-Panik an Lungenrundherdkrebs wie der Mensch. Beide haben im Stammhirn im Relais für die Alveolen einen fotografierbaren Hamerschen Herd sichtbar!)

■Es bedarf auch keiner (manipulierbaren) Statistik! (Naturgesetze müssen immer stimmen, sonst sind sie keine!)

■Die Germanische Heilkunde® wäre sehr leicht zu widerlegen, indem man einen einzigen Patientenfall fände, der nicht nach diesen Gesetzmäßigkeiten einzuordnen wäre! (Trotz immenser Anstrengung seitens der Gegner bisher nicht gelungen!)

■Sie lüftet das Geheimnis der Spontanheilungen! Spontanheilungen haben keine Nebenwirkungen! Mit der Germanischen Heilkunde® könnten an die 95% sämtlicher Krebspatienten geheilt werden, die dadurch ihr normales Alter erreichen würden, wenn ...

■Sie beschreibt sämtliche 'Sonderprogramme' (Erkrankungen) auf drei Ebenen: Psyche-Gehirn-Organ, die eine untrennbare Einheit bilden. Dadurch ist dieses System überbestimmt und Fehldiagnosen können so gut wie ausgeschlossen werden! (Die Schulmedizin hat hingegen nur die Ebene der Organe)

■Aufgrund der Kenntnis von diesen 5 biologischen Naturgesetzen sind auch exakte Prognosen möglich! (Z.B. kann ein Herzinfarkt auf +/- einer Woche genau vorausgesagt werden.)

■Psychosen, Neurosen, Depressionen und Manien ... Alles ist im Prinzip heilbar, da erklärbar!

■Sie ist aber keine neuartige Therapieform! Vielmehr ist sie ein Maß für jede Art von Therapie!

■Sie ist auch nicht neu, sondern nur neu entdeckt! Sie existiert seit es Leben gibt auf diesem Planeten! Vieles von dem, was Dr. Hamer niedergeschrieben hat, wissen wir. Oft wissen wir, warum wir erkrankten. Vieles finden wir auch als Redewendung wieder in unserem Sprachgebrauch, z.B. "Es liegt mir im Magen".

■Sie würde dem Steuerzahler ca. 5% der bisherigen Kassenbeiträge bescheren!

■Und - die Germanische Heilkunde® betrifft nicht nur die Medizin, sondern eine Vielzahl von gesellschaftlichen Aspekten!

Begeben Sie sich auf eine Forschungsreise und finden Sie sich selbst wieder - Ihren persönlichen und individuellen (Erkrankungs-) Fall - in den wissenschaftlich jederzeit reproduzierbaren Entdeckungen Dr. Hamers!

An die Germanische Heilkunde® muß man nicht glauben! Man kann sie am eigenen Körper (z.B. am simplen Schnupfen!) überprüfen!

Und aus Glauben wird Wissen! Und mit dem Wissen wie unser Körper funktioniert, verlieren wir das Schrecklichste am Krebs - die Panik!

Bedenken Sie!

Bei Konflikten geht es meist um etwas absolut Persönliches, oft um die intimsten Angelegenheiten. Wer, bitte schön, hat ein Recht, dies in Erfahrung zu bringen? Wen, bitte schön, hat das was anzugehen? Welcher Behörde, welcher Versicherung, welcher Firma ...?

Außer dem Therapeuten, dem Sie Ihr Vertrauen schenken, hat das niemandem zu interessieren! Und Ihr Therapeut obliegt der Verschwiegenheitspflicht!

Wer hat, bitte schön, hat das Recht, mit Ihrem Leid Geld zu verdienen? Diese Schul(d)medizin plant, "Krebs" zu einer chronischen Krankheit zu machen!

Wenn Sie die "Germanische" verstanden haben, steht zwischen Ihnen und Ihrer Gesundheit weder Arzt noch Medikament. HEILEN KÖNNEN NUR SIE SICH SELBST!

Zuletzt aktualisiert am 08.08.2011 von Helmut Pilhar.[5]

Am 30.10.2007 begleite ich *Lara* für 4 Tage zu einer Fußoperation in eine Spezialklinik in Potsdam. Meine Gedanken sind immer bei *Meinhard*. Er hat heute in Münster einen Termin in der Universitätsklinik, Abt. Poliklinik für Nuklearmedizin, zu einer PET-CT-Untersuchung[6].

Während ich in Potsdam im Cafe sitze, warte ich mit Anspannung auf *Meinhards* Anruf. Endlich! Die Diagnose: Ein kleiner Befund im Becken, aber nicht in den Lymphen. Furchtbar. Jetzt ist auch schon das Becken befallen. Die Zeit in Potsdam ist nicht einfach für mich. Die Hoffnung ist die Kraft zum Überleben. *Meinhard* hat die letzten Jahre seine Seele vernachlässigt. Hat darunter vielleicht sein Immunsystem gelitten?

Während meiner Abwesenheit lässt er nochmals den PSA-Wert bestimmen. Das Ergebnis 12,8 ng/ml. Hoffnung kommt auf. Der PSA-Wert ist um 1,7 Punkte gesunken.

Telefonisch versuche ich *Meinhard* Kraft zu geben. Heute, am 01.11.2007, fährt er zum Heimspiel des VfL Osnabrück. Der VfL ist seine Welt.

Meinen Job im Callcenter habe ich in der Zwischenzeit gekündigt. Am 21.11.2007 trete ich meine neue Stelle als Verwaltungsangestellte bei einer Tiefbaufirma an. Bei mir kommen immer wieder Existenzängste auf. *Meinhard* kämpft gegen den Krebs und will ihn besiegen. Die anhaltenden Blutungen ängstigen ihn nicht.

---

[5] http://www.germanische-heilkunde.at/index.php/antwort-anzeigen/items/was-ist-die-germanische-heilkunde.html

[6] Unseren **Positronen-Emissions-Tomographen (PET)** setzen wir in der **Krebsdiagnostik** ein. Diese Technik liefert wertvolle Hinweise über die Beschaffenheit von Gewebe und kann dabei zwischen bösartigen und gutartigen Gewebearealen unterscheiden. Das funktioniert über die Messung des Zuckerstoffwechsels im Körper, der bei bösartigen Tumoren stark erhöht ist, weil Krebszellen für ihr rasches Wachstum viel Energie benötigen. Mit der "*Zuckermessung*" im Gewebe kann die PET selbst kleine Tumoren und Metastasen aufspüren., unter: http://www.diagnoseklinik-muenchen.de/dc/pet-diagnostik.

Kapitel 4
Das Leben geht irgendwie weiter

Meinen 50. Geburtstag am 17. Dezember 2007 feiere ich mit 30 Gästen. Es ist ein wunderschöner Tag. Das Weihnachtsfest verbringen wir auch sehr harmonisch und bewusst. Am Heiligen Abend gehen wir vier noch gegen 22 Uhr zu *Reinhard* auf „Die Insel"[7], um ein Bierchen zu trinken. *Meinhard* hat immer gesagt: **„Irgendwann gehe ich Heiligabend zu Reinhard. Wer weiß, wie lange ich noch lebe!"** Hätten wir schon Jahre vorher machen sollen.

Den Jahreswechsel verbringen wir mit *Heinz* und *Irmgard* (*„Irmi"*). Doppelkopf ist angesagt. *Heinz* ist *Meinhards* guter Freund und Berater.

Meinhard bekommt zunehmend stärkere Rückenschmerzen. Im Januar 2008 erhält er für fünf Tage Infusionen von seinem Hausarzt *Dr. P.* Immer diese Ängste. Ich denke schon oft für mich: „Hoffentlich bleibt *Meinhards* Stuhl an unserem Tisch nicht leer!" Ich kämpfe mit.

Wir planen über den ersten Mai nach Norderney zu fahren und einer Einladung zu einer Silberhochzeit Mitte Mai auf die Insel Sylt zu folgen. Unser Zimmer im Hotel „Vierjahreszeiten" auf Norderney und die Ferienwohnung in Westerland sind gebucht.

Mitte Januar spendiert *Meinhard* in der Praxis für Kolleginnen und Kollegen ein Frühstück. Er fühlt sich als Fremdkörper und stellt die Frage, ob er noch eine Zukunft in dieser Praxis hat. „Ja, wir warten auf dich", so die Auskunft. Eine Vertretung wird eingestellt.

Der PSA-Wert wird am 21.01.2008 auf 12 ng/ml bestimmt. Hoffnung. Schlägt die Therapie an?

Die Krankheit hat er zwischenzeitlich für sich angenommen. **„Ich lasse mich doch nicht vom Krebs verarschen. So wie der in meinen Körper rein gekommen ist, so geht er auch wieder."**

Meinhard beschäftigt sich mit dem Aussortieren alter Akten. Mit den Gefühlen ist es manchmal wie Achterbahn fahren.

---

[7] Location **Die Insel** – Die Insel Bad Iburg Herrliche Atmosphäre ! Urig, gemütlich ... , unter: http://www.os-community.de/Suche?q=nudelgratin*&verknuepfung =1&commu nity=&geodata=. Durch Pachtwechsel wird die Gaststätte jetzt unter der Bezeichnung **„zeitlos – Insel Iburg – Kneipe Speisen Café"** geführt.

Am 30. Januar 2008 ist es wieder besonders schlimm. *Meinhard* fragt mich: *„Mäuschen, warum immer ich? Wenn ich sterbe, öffne das Fenster, damit meine Seele frei kann."*

Die Blutungen sind mal mehr, mal weniger oder gar nicht. Heilpraktikerin Frau *G*.arbeitet zusätzlich einen Therapieplan aus. Der Schwerpunkt der Heilpraktikerin ist die (Psycho-)Kinesiologie[8]. Diese Therapie hilft ihm psychisch.

Wir versuchen, so viel Zeit wie möglich miteinander zu verbringen. Am 01.02.2008 steht ein Kinobesuch auf dem Programm: „Das Beste kommt zum Schluss". In dieser Tragikkomödie geht es um zwei Männer, die an Krebs erkrankt sind und zusammen eine Liste abarbeiten, was sie noch gern machen würden, bevor sie sterben. Die Hauptrollen spielen *Jack Nicholsen* und *Morgan Freeman*. Unglaublich, dass *Meinhard* sich so einen Film anschauen kann. Ich hatte da schon ein Problem.

Wir genießen die ausgedehnten Wintersparziergänge, die gelegentlichen Kneipenbesuche und natürlich die Doppelkopfabende mit unseren Freunden *Heinz* und *„Irmi"*. *Meinhard* hat noch so viele Pläne. Er möchte noch ein Holzhaus bauen. Immobilienmessen werden besucht und etliches Infomaterial „studiert".

Der Einladung von *Ulrike N.* – am 17.02.2008 zum 50. Geburtstag im Schützenhaus Bad Iburg zum zünftigen Frühschoppen – folgen wir gerne. Es ist ein wunderschöner Tag. *Meinhard* vergisst – wie so oft – bei Einladungen das Essen nach dem Motto „Das bisschen was ich esse, kann ich auch trinken."

Gegen 17:00 Uhr holt *Lara* uns ab. *Meinhard* ist erschöpft und legt sich schlafen. Ich bin noch so gut drauf, sodass *Lara* mich noch für eine Stunde zur Feier bringt, während sie noch einen anderen Termin wahrnimmt.

---

[8] Die **Angewandte Kinesiologie** (engl. *applied kinesiology*; von griech. κίνησις, *kinesis*, „Bewegung" und griech. λόγος, *logos*, „Wort, Lehre"; nicht zu verwechseln mit engl. *kinesiology* für „Bewegungswissenschaften") oder kurz **Kinesiologie**, auch **AK**, bezeichnet ein alternativmedizinisches Diagnose- und Behandlungskonzept aus dem Bereich der Körperarbeit und Chiropraktik. [1] Sie nutzt manuelle Muskeltests für eine Diagnose und eine nachfolgende Festlegung der Therapie. Die AK geht dabei davon aus, dass die Muskelspannung eine Rückmeldung über den funktionalen Zustand des Körpers liefert. Die Kinesiologie widerspricht anerkannten naturwissenschaftlichen und medizinischen Kenntnissen, ein Wirksamkeitsnachweis gelang nicht. ... (Kinesiologie – Wikipedia)

Kapitel 5
Zustandsverschlechterung und erste Resignation

Während unserer Abwesenheit erwacht er. Was sich bei unserer Heimkehr im Bad abspielt, kann ich gar nicht beschreiben. *Meinhard* blutet aus dem Rachen. Er weint bitterlich und steht unter Schock. Ich rufe ganz spontan Freund *Heinz* an und bitte ihn, zur Unterstützung zu uns zu kommen. *Meinhard* nimmt von uns Abschied und bringt zum Ausdruck, dass er nicht mehr kämpfen will.

„Warum mache ich die ganze Scheiße?" Er meint damit die Einnahme der ganzen Tabletten, die Infusionen und die Spritzen. Von den Kindern wünscht er sich, dass sie ihren beruflichen Weg gehen und auf mich achten sollen. Es fließen auf beiden Seiten viele Tränen. Am Abend informiere ich noch meinen Chef *H. B.*, dass ich am Montag nicht ins Büro kommen kann.

In der Nacht reden *Meinhard* und ich sehr viel. *Lara* und *Florian* sind am nächsten Tag nicht in der Lage, zur Schule zu gehen.

Martin, mein ältester Bruder, sorgt sich schon sehr. Er kommt oft auf einen Sprung zum Gespräch rein oder schaut mit *Meinhard* auch gern zusammen Fußball. Während dieser Zeit habe ich kein schlechtes Gewissen, wenn ich dann für mich eine Auszeit nehme.

Kapitel 6
Geht es wieder bergauf?

Ein ganz wichtiger Tag für uns beide ist der offizielle Termin am 21.02.2008 zum Verfassen unseres gemeinsamen Testamentes bei Freund *Heinz*, der auch unsere Interessen als Notar vertritt. Es ist gut zu wissen, dass alles geregelt ist. Im Anschluss verbringen wir einen unvergesslichen Abend bei der Eröffnungsfeier der Sportsbar von *Joe Enochs*[9].

Während ich vormittags im Büro bin, erledigt *Meinhard* die Hausarbeit: Angefangen vom Staubsaugen bis zum Vorbereiten des Mittagessens. Er zieht sich oft in unser Büro zurück und kehrt in sich bei seiner Musik. Die Blutungen sind zzt. sehr stark. Trotz alledem ist er voller Hoffnung.

Am 17.03.2008 hat *Meinhard* einen Termin im medizinischen Versorgungs-Zentrum zur Kernspintomographie seines Beckens. Befund: Kein Hinweis auf eine Lymphknoten- oder Organmetastasierung. Ein organüberschreitendes Tumorwachstum besteht nicht. Ich merke *Meinhard* die Erleichterung an und in seiner Therapie bestätigt. Es ist sein Weg!

Die kommenden kalten Ostertage verbringen wir sehr ruhig. *Lara* und *Florian* sind viel zu Hause. Am Dienstag nach Ostern, es ist der 25.03.2008, hat *Meinhard* einen Termin bei *Dr. P*. Der PSA-Wert wird auf 16,5 ng/ml bestimmt. Ruhig bleiben. Jetzt nervt auch noch die private Krankenversicherung. Die fordert in regelmäßigen Abständen Berichte vom Hausarzt.

Ich weiß nicht, wo *Meinhard* die Kräfte hernimmt. Er geht am 01.04.2008 zu Fuß sechs Kilometer nach Oesede, um meiner lieben Mama zu ihrem Geburtstag zu gratulieren. Auch fährt er regelmäßig zu den VfL-Heimspielen nach Osnabrück oder nimmt an gesellschaftlichen Terminen teil.

Meinhard sieht nicht aus wie ein an einer tödlichen Krankheit leidender Mensch. Im Gegenteil: Er sieht richtig gut aus. Auch an Gewicht hat er zugenommen. Es kommt auch schon mal der Spruch: ***„Das bisschen Krebs!"***

---

[9] **Altstadt-Flair auf 140 qm** – Die Joe Enochs Sportsbar ist im gemütlichen Osnabrücker Altstadtviertel am Heger Tor zu finden. Die Sportsbar bietet den Gästen auf 140 m² 80 Sitzplätze im Innen- und 75 Plätze im Außenbereich. Über fünf LCD-Fernseher wird den Besuchern die Möglichkeit geboten zahlreiche Sportevents live mitzuerleben. Der Eröffnung der Joe-Enochs-Sportsbar stand im September 2007 eine halbjährige Umbauphase bevor, um aus der ursprünglichen Osnabrücker Altstadtkneipe „Stiefel" die jetzt modernen Räumlichkeiten entstehen zu lassen. Wir freuen uns auf Eueren Besuch!, unter: http://www.joe-enochs-sportsbar. de/index. php?article_id=151.

Seit Mitte April treten keine Blutungen mehr auf.

Bei traumhaftem Wetter verbringen wir vom 1. Mai bis zum 4. Mai eine schöne Zeit auf Norderney. Die langen Strandsparziergänge tun uns sehr gut. Oder einfach nur irgendwo Platz nehmen und auf das Meer schauen.

Nach unserer Rückkehr von Norderney plane ich für den 8. Mai, *Meinhards* 54. Geburtstag, eine große Gartenparty mit ca. 30 Gästen. Wer weiß, wie oft wir noch seinen Geburtstag feiern dürfen. Bei einem super Wetter ist es ein gelungenes Geburtstagsfest. *Meinhard* genießt es sehr.

Foto privat

Schnappschuss während der Geburtstagsparty –
Meinhard hockend im Vordergrund

22

Gedanklich sind wir schon auf Sylt. *Anke* und *Rainer Eckes*[10] feiern dort ihre Silberhochzeit. Wir verleben eine fantastische Woche auf Sylt. Das Wetter ist genial. Nur Sonne. *Meinhard* und ich haben eine sehr gute Zeit. „Eine Woche das Leben genießen!" ist das Motto. Das ist uns gelungen.

Foto privat

Westerland auf Sylt bei „*Gosch*" im Mai 2008

Ich schlafe seit einigen Wochen sehr unruhig. Gedanken kreisen in meinem Kopf. Wie wird alles enden?

Florian steht vor den Klausuren für sein Fachabitur. Erstaunlich, wie *Florian* und *Lara* sich – trotz der schweren Belastung – auf die Schule konzentrieren können.

---

[10] **Wir begrüßen Sie in unserem Online-Weingut** – Hier können Sie nicht nur erlesene Weine, Sekte und Spezialitäten aus eigener Produktion zu erstaunlich niedrigen Preisen bestellen. Es erwarten Sie wie gewohnt auch viele andere Angebote zum Thema Wein. In unserem Online-Shop können Sie jederzeit unsere Weine bestellen (s. im Menüpunkt Shop). Bei Ihrem Rundgang durch unser virtuelles Weingut wünschen wir Ihnen viel Spaß. Haben Sie Fragen oder Anregungen zu unserer Website freuen wir uns über Ihre Zuschrift. Herzliche Grüße aus dem schönen Wallhausen, unter: http://www.weinsekteckes.de/.

Seit einigen Tagen fühlt *Meinhard* sich erschöpft. Vielleicht kommt es von den schwülen Temperaturen? Zurzeit läuft die Fußballeuropameisterschaft. Gelegentlich gehen wir auswärts zum Public Viewing. *Meinhard* sieht das Leben jetzt mit ganz anderen Augen.

Foto privat

Lustiger Nachmittag auf der Terrasse „Lokal Fromme"
in Bad Iburg am 08.06.2008; auf dem Foto von links:
Marion Schäfer, geb. *Kleine-Börger, Erika Kleine-Börger* (Schwägerin),
Martin Kleine-Börger (Bruder), *Meinhard Schäfer*

Kapitel 7
Erneuter Rückschlag und aufdringlicher „Besuch"

Der nächste Schlag trifft uns am 09.06.2008. Jetzt ist auch noch Blut im Stuhl. Darmkrebs? Zudem wird der PSA-Wert am 20.06.2008 auf 23 ng/ml bestimmt. Ich könnte gegen Wände rennen. Auch *Meinhard* ist jetzt beunruhigt. Ich weine mich bei ihm aus und bin unendlich traurig. Er darf uns noch nicht verlassen! Wie viel Zeit bleibt uns noch?

Laras 19. Geburtstag am 25.6.2008 ist ein schöner Tag. *Wolf, Meinhards* früherer Chef und Kollege, kommt noch auf einen Überraschungsbesuch. Gespräche mit Kollegen tun ihm so gut.

Heute, 09. Juli 2008, ist das eingetreten, was wir schon lange erwartet haben. Überraschungsbesuch von Mitarbeitern der Krankenversicherung. Zu zweit laufen sie auf. Ich lasse mir einen Ausweis zeigen. Auf meine Bitte, sie mögen sich einen Termin geben lassen, bekomme ich die Antwort *„Wir kommen immer ohne Anmeldung!"*. Die waren auch schon in der Praxis gewesen, um nachzuschauen, ob *Meinhard* trotz Krankschreibung arbeitet. Selbstverständlich hat er das nicht gemacht.

Die beiden Herren nehmen am Tisch Platz. Ich bin sehr bissig und erkläre ihnen, dass es sich bei der Erkrankung von *Meinhard* nicht um eine Grippe handelt. Die wollen ihn in die Berufsunfähigkeit drängen, aber *Meinhard* will das noch nicht. Sein Ziel ist es, wieder in der Praxis als Zahnarzt zu arbeiten.

Florian fliegt am 19.07.2008 für zwei Wochen nach Alaska zum Angeln. Schon im Juli 2005 war er mit seinem geliebten Papa zum Angeln dort und hat sich in dieses Land verliebt. Hoffentlich geht alles gut!?

Abenteuer auf der „Cotton Wood Lodge" in Alaska im Juli 2005 –
Meinhard mit Sohn *Florian* und einem kapitalen Fang

Dazu ein entsprechender Bericht aus der Zeitung „Fisch & Fang – Das Er-
lebnis-Magazin für Angler" (JUGENDMAGAZIN, Ausgabe 12/2005, S.
136) auf der Folgeseite unter der Überschrift „WAS FÜR EIN
GESCHENK!".

WAS FÜR EIN GESCHENK!

Liebe Jungänglerinnen und Jungängler,

als ich vor ein paar Wochen Florian Schäfers E-Mail bekam, traute ich meinen Augen kaum. Der Jungangler aus Bad Iburg hat nämlich von seinem Vater ein Geschenk bekommen, das wohl jeden Petrijünger glatt umhauen würde: Er durfte gemeinsam mit seinem Vater zu den Lachsen Alaskas reisen. Ich finde, dass Florians Vater ein aussichtsreicher Kandidat für den Vater-des-Jahres-Orden ist. Und zwar nicht, weil so eine Reise alles andere als billig ist. Nein, die Ehre gebührt ihm, weil Florians Vater Nichtangler

ist - er hat die Reise also nicht zu einem guten Teil sich selbst geschenkt, sondern wirklich nur seinem angelverrückten Sohn als Belohnung für einen tollen Schulabschluss. Und das finde ich bemerkenswert. Was Florian in Alaska erlebt hat, erzählt er Euch auf Seite 140.

Wenn das Geld nur reichte, würde ich Euch liebend gern auch eine Alaska-Lachs-Tour spendieren. Und zwar als Dank für Eure tolle Beteiligung am Jugendmagazin in diesem Jahr. Die spannenden Fanggeschichten, die hilfreichen Tipps und Tricks, die Urlaubsberichte - all Eure Briefe und

E-Mails machten auch in 2005 das Jugendmagazin von FISCH & FANG lesenswert. Großen Dank an alle und: Weiter so! Bis zum nächsten Heft im neuen Jahr!

Euer Sebastian Bröder,
Redaktion Jugendmagazin

Auch am diesjährigen Schützenfest in Bad Iburg, Anfang August, nimmt *Meinhard* teil. Wir nehmen alles mit, was möglich ist.

Dem Termin am 11.08.2008 zur Kernspintomographie des Beckens fiebern wir entgegen. Das niederschmetternde Ergebnis: Metastasen links und rechts im Becken. *Meinhard* nimmt es sehr gefasst auf. Den Kindern teilen wir es erst eine Woche später mit, da *Lara* noch eine schöne Ferienwoche auf Fuerteventura verbringen will. Ich bin so unendlich traurig, kann nicht mehr fröhlich sein. Überlegungen gehen durch meinen Kopf, ob ich einen Therapeuten zu Rate ziehe.

Kapitel 8
Diagnose „Krebs" seit einem Jahr

Am darauf folgenden Tag teilt *Meinhard* telefonisch Herrn *F.*, dem Praxisberater, das niederschmetternde Ergebnis mit und informiert ihn über seinen Entschluss, nicht mehr in die Praxis zurückzukehren. Seine ganze Kraft will er in die Heilung stecken, denn zehn Stunden in der Praxis arbeiten geht eh nicht mehr. Im Anschluss an dieses Gespräch fließen bei ihm die Tränen. Die Blutung ist auch wieder eingetreten und zusätzlich schwächt ihn eine Erkältung sehr. *Meinhard* gibt mir zu verstehen, dass er es schaffen will.

Die Krankheit hat sein Wesen verändert. Es ist ja auch sein gutes Recht. Wir drücken uns oft und genießen jeden Augenblick, den wir zusammen verbringen dürfen. Oft schauen wir uns auch nur an und halten unsere Hände. Sicherlich haben wir die gleichen Gedanken.

Wir genießen die Sommertage. Am 17.08.2008 wandern wir bei wunderschönem Wetter durch den Wald, wobei eine Stunde – wegen seiner anhaltenden Müdigkeit – für ihn extrem anstrengend ist. Es schießen Gedanken durch meinen Kopf, die ich gar nicht beschreiben kann.

Nach *Laras* Rückkehr von Fuerteventura berichten wir den Kindern die Verschlechterung von *Meinhards* Gesundheitszustand. Auch das Wort „Metastasen" fällt.

Nach wie vor ist er sehr müde und unmotiviert und möchte nur zu Hause sein. Am 20.09.2008 sind wir als Familie zur grünen Hochzeit von unserer Nichte *Kirsten* in Offstein eingeladen. Es steht noch in den Sternen, ob wir teilnehmen können.

Die Krankenversicherung hat *Meinhard* jetzt auferlegt, sich von einem Gutachter untersuchen zu lassen. Am 09.09.2008 nimmt er den verordneten Untersuchungstermin in der Praxis *Dr. K.* in Bad Oeynhausen wahr. Der Gutachter bestätigt der Versicherung, dass *Meinhard* nicht berufsunfähig ist und unterbreitet den Vorschlag, noch drei Monate abzuwarten.

Am 14.09.08, unserem 29. Hochzeitstag, fährt *Meinhard* mit Freund *Heinz* zum VfL-Heimspiel nach Osnabrück. Diese Abwechselung tut ihm gut, obwohl es für ihn immer anstrengender wird. Hinterher ist er mit den Kräften am Ende. Die Schmerzen im Becken nehmen zu.

Die Anreise nach Offstein, zur Hochzeit von *Kirsten Kleine-Börger* und *„Nikki" Kulzer*, ist ganz entspannt. *Meinhard* gibt alles. Wir genießen das Familienfest.

Foto privat

Hochzeit von *Kirsten*, geb. *Kleine-Börger* und *„Nikki" Kulzer* im September 2008 in Offstein – *Meinhard* mit Tochter *Lara*

Für *Florian* beginnt ein neuer Lebensabschnitt: Sein erster Hochschultag am 23.09.2008 in Osnabrück. *Meinhard* will am liebsten mitgehen. Er gibt ihm etliche Tipps mit auf den Weg.

Ein weiteres schönes Ereignis folgt am 27.09.2008 – die Fahrt mit *Heinz* und *„Irmi"* nach Hamburg zum Musical *„Ich war noch niemals in New York"*. Es ist ein wunderbares Wochenende. Allein die Übernachtung im Hotel „Hafen Hamburg" ist etwas ganz Besonderes. *Meinhard* ist gut drauf.

09.10.2008: Ein Jahr leben wir jetzt schon mit der Diagnose „Krebs". Ich habe heute einen Tag Urlaub genommen, da ich nicht möchte, dass *Meinhard* allein frühstückt. Mir geht es seit einigen Tagen psychisch nicht gut. Es ist alles so bedrückend. Weine viel. Mein Herz macht es mir so schwer.

Die anhaltende Müdigkeit und die Schmerzen machen ihm sehr zu schaffen. Den PSA-Wert will er eine ganze Zeit lang nicht bestimmen lassen.

Ich bereite mich mal wieder auf *Laras* Krankenhausaufenthalt für eine Nach-OP in Potsdam vor. Wie schafft *Meinhard* es drei Tage ohne mich? Er will selbstverständlich, dass ich *Lara* begleite. Wir starten am 14.10.2008 und kommen am 16.10.2008 zurück. *Lara* hat alles gut überstanden und *Meinhard* konnte während unserer Abwesenheit einige Arzttermine wahrnehmen.

Die Ängste sind bei mir derzeit sehr groß, da die Schmerzen im rechten Becken bei *Meinhard* verstärkt zunehmen. Knochenschmerzen im rechten Schultergelenk machen ihm auch sehr zu schaffen. Dadurch ist er mit dem rechten Arm sehr eingeschränkt. An der Jagd kann er nicht mehr teilnehmen. *Meinhard* hat keine Kraft mehr, das Jagdgewehr zu halten.

Ihm ist es ein großes Bedürfnis, seinen Jugendfreund *Heiner* in Hamburg zu besuchen. Wir haben es uns immer vorgenommen, aber nie in die Tat umgesetzt. Mitte November lösen wir das Versprechen ein. Tage vorher habe ich arge Bedenken, ob *Meinhards* Kräfte es zulassen. Wir genießen das Hotel und die Zeit mit *Heiner* und seiner *Gudrun* sehr.

Der Wintereinbruch in diesem Jahr kommt sehr früh. Am 21.11.2008 fällt der erste Schnee. Da das Laufen *Meinhard* zunehmend schwerer fällt, sind nur noch kleine Wanderungen möglich. Für seine Diabeteserkrankung, Typ 2 seit dem 50. Lebensjahr, ist das nicht gut, denn bislang hat er sich den Zucker immer „abgelaufen", um nicht Insulin spritzen zu müssen.

Kapitel 9
Nun auch noch Knochenkrebs? Ja!

Das Weihnachtsfest im Jahr 2008 verbringen wir sehr harmonisch im Kreise unserer Familie. Am 1. Weihnachtstag nehmen wir am „kleinen Cousinentreffen" bei meinem Bruder *Martin* teil. Es war dort sehr unterhaltsam. *Meinhard* hat seit Tagen sehr starke Schmerzen im rechten Schultergelenk. „Knochenkrebs" geht uns beiden durch den Kopf. Von der Krankenversicherung kommt nach Weihnachten die Aufforderung, einen ärztlichen Bericht zum Gesundheitszustand vorzulegen. Jetzt lässt sich die Berufsunfähigkeit nicht mehr aufhalten!

Den Jahreswechsel verbringen wir wie gewohnt mit *Heinz* und „*Irmi"* beim Doppelkopfspiel und guten Gesprächen. Meine freien Tage genieße ich sehr mit *Meinhard*. Eine Ferienwohnung auf Norderney buchen wir für Mitte Juni 2009. Wir wollen unbedingt noch einmal auf unsere Insel.

Der Hausarzt *Dr. P.* organisiert für den 09.01.2009 in einer Radiologischen Praxis einen Termin zur Knochenszintigrafie[11]. Ich begleite *Meinhard* zu diesem Termin. Er hat Angst. Wir sind beide sehr angespannt. Der untersuchende Arzt teilt uns, wie befürchtet, die Diagnose „Knochenkrebs" mit. Sehr gefasst nimmt *Meinhard* den Befund auf.

Die Schmerzen im rechten Schultergelenk steigern sich von Tag zu Tag. Eine Tasse oder ein Glas in der Hand zu halten fällt ihm schwer. Es tut mir so leid. Wenn ich nur helfen könnte. Nur zuzusehen tut weh.

Dr. P. ist von dem Arztbericht des Radiologen schockiert. Therapievorschlag: Morphiumpflaster. *Meinhard* lehnt ab. Bei diesem Termin am 15.01.2009 wird auch Blut entnommen. Das Ergebnis: Der PSA-Wert wird

---

[11] Die **Szintigrafie** (lat. *scintilla* Funke[...], griechisch γράφειν zeichnen, beschreiben) ist ein bildgebendes Verfahren der nuklearmedizinischen Diagnostik. Das dabei entstandene Bild nennt man auch **Szintigramm**. Dabei werden radioaktiv markierte Stoffe in den Körper eingebracht, die sich im zu untersuchenden Zielorgan anreichern und anschließend mit einer speziellen Kamera, von der die abgegebene Strahlung aufgefangen wird, sichtbar gemacht werden können. Die Methode eignet sich nicht nur zur Lokalisationsdiagnostik beispielsweise von Entzündungsherden im Skelett (Skelettszintigraphie). Da auch der zeitliche Ablauf von Aufnahme und Ausscheidung der strahlenden Substanz aufgezeichnet werden kann, lassen sich auch Informationen über die Funktion von Organen beispielsweise in der Nierenfunktionsszintigrafie gewinnen. Die Strahlenbelastung ist bei diesen Untersuchungen meist geringer als bei den vergleichbaren Röntgenuntersuchungen. In Deutschland werden wöchentlich etwa 60.000 Szintigrafien durchgeführt.[...] (Szintigrafie – Wikipedia)

auf 46,55 ng/ml und der Knochenwert, die „Alkalische Phosphatase"[12], wird auf 199 U/l bestimmt. *Meinhard* äußert zu mir: *„Wenn ich Morphium verlange, dann weißt du, mein Mäuschen, geht es zu Ende. Ich hinterlasse hier eine saubere Geschichte!"* Abschied nehmen tut so weh. Hoffnung und Verzweifelung liegen so nah beieinander.

Immer häufiger benötigt er Bettruhe und zieht sich oftmals in unser Büro zurück. Will dort allein sein. Von der Psyche und den Schmerzen ist jeder Tag unterschiedlich.

Am 26.01.2009 bescheinigt *Dr. P.* die Berufsunfähigkeit. *Meinhard* plant jetzt die Rente und sagt zu mir: *„Ich lebe noch ganz lange!"*

In den kommenden Tagen müssen Formalitäten erledigt werden. Dazu gehört das Ausfüllen von Anträgen für die Berufsunfähigkeitsrente.

Zu Hause fühlt er sich momentan am wohlsten. Die Schmerzen werden immer stärker und unerträglicher. In der Nacht zum 07.02.2009 nimmt *Meinhard* die erste Schmerztablette „Ibu 600"[13]. Es gibt immer wieder Höhen und Tiefen und er versucht, mit den Schmerzen zu leben.

---

[12] **Was ist alkalische Phosphatase?** – Alkalische Phosphatase (AP) ist ein Eiweiß, das bestimmte biochemische Reaktionen fördert. Es gibt verschiedene Unterformen der alkalischen Phosphatase, sogenannte Isoenzyme. Sie sind nach den Geweben benannt, in denen sie überwiegend vorkommen: Dünndarm-AP, Plazenta-AP und Keimzell-AP. Zusätzlich gibt es alkalische Phosphatasen, die in verschiedenen Geweben vorkommen, vor allem aber in der Leber, im Knochen und in der Niere. Diese alkalischen Phosphatasen sind die wichtigsten für die medizinische Diagnostik: Sie dienen als Marker für einen Stau der Gallenflüssigkeit in den Gallenwegen oder als Zeichen eines erhöhten Knochenaufbaus.
Zu hohe AP-Werte können gemessen werden bei:
•Krankheiten der Leber und der Gallenwege, z.B. Gallenstau (Cholestase), Entzündung der Gallenwege (Cholangitis), akute oder chronische Leberentzündung (Hepatitis), Leberkrebs (Leberzellkarzinom) oder Metastasen in der Leber
•Krankheiten des Knochens, z.B. Morbus Paget (Skelettkrankheit mit vermehrtem Knochenumbau und -anbau), Knochenkrebs (Osteosarkom), Überproduktion von Parathormon (Hyperparathyreoidismus), Knochenbrüche
•Andere bösartige Tumore, netdoctor.de, unter: http://www.netdoktor.de/ Diagnostik+Behandlungen/Laborwerte/Alkalische-Phosphatase-AP-1025.html.
[13] ... "Ibu 600 1A Pharma Filmtabletten" enthält den Wirkstoff Ibuprofen, ein Arzneimittel aus der Gruppe der sogenannten nichtsteriodalen Antiphlogistika/Analgetika (Entzündungshemmer/Schmerzmittel). Ibuprofen reduziert entzündlich bedingte Schmerzen, Schwellungen und Fieber. Ibuprofen kann verschreibungspflichtig oder rezeptfrei in der Apotheke erhältlich sein. ... , unter: http://www.apotheken-umschau.de/do/extern/medfinder/medikament-arzneimittel-information-Ibu-600-1A-Pharma-Filmtabletten-A25220.html.

Am Abend des 09.03.2009 nimmt Meinhard wegen der anhaltenden starken Schmerzen eine Schmerztablette „Ibu 600" und in der darauf folgenden Nacht nochmals zwei Tabletten. So eine Nacht habe ich noch nicht erlebt. Die Schmerzen sind wie Messerstiche in die Schulter. Er weint und krümmt sich immer wieder. An Schlaf ist nicht zu denken. *Meinhard*: **„Das sind viehische Schmerzen. Nur Vieh wird getötet!"**. Mir wird übel. Es ist nicht leicht, sein Liebstes so leiden zu sehen.

Am darauf folgenden Morgen fahre ich zu *Dr. T.* (genannt *„Timbi"*), *Meinhards* langjährigem Freund und Arzt, und besorge noch stärkere Tabletten. Der Tag ist einigermaßen zu ertragen.

Lara bereitet sich auf die Abiturklausuren vor und *Florian* ist bereits im 2. Studiensemester. Trotz der starken Belastung mit ihrem Papa schreiben die beiden gute Noten. Ich stelle mir oft die Frage „Wie verarbeiten *Lara* und *Florian* das?".

Kapitel 10
Schlaflose Nächte – Nachdenken über den Tod

Die Nächte werden immer unruhiger. Die Schmerzen lassen keinen Schlaf mehr zu. In der Nacht des 18.03.2009 sagt *Meinhard* zu mir: *„Mäuschen, wenn das im Herbst auch noch so ist, dann will ich nicht mehr."*

Ich selbst habe einen Schlaf, als wenn man auf ein Baby achtet und fühle mich völlig gehetzt, kraftlos und müde, bin kurz vor dem Zusammenbruch. In den vergangenen Nächten lag ich in seinem Arm und weinte bitterlich. Ich muss an mir arbeiten. So geht das nicht weiter. Ich beschließe für mich, ab April einen Tag weniger zu arbeiten. *H. B.*, mein Arbeitgeber, hat absolutes Verständnis. Mittwochs ist jetzt mein freier Tag.

Verständnis und Abwechselung finde ich auch bei meinen lieben Doppelkopfmädels *„Irmi"*, *„Lisbeth"* und *„Else"*.

Meinhard: „Mäuschen, nimm dir eine Auszeit bei Deinen Mädels. Du tust so viel für mich!"

Voller Stolz zeigt *Lara* am 26.03.2009 ihre Zulassung zum Abitur. *Meinhard* geht es sehr schlecht. Er schläft sehr viel am Nachmittag und am frühen Abend. In den Nächten kommt er vor Schmerzen nach wie vor nicht zur Ruhe. Wird er an *Laras* Abiturfeier teilnehmen können?

In der Nacht des 28.03.2009 nimmt er erstmalig eine „Ibu 800". Es zeichnete sich schon am frühen Abend ab, dass die Schmerzen ansteigen werden. Am nächsten Tag haben sich *Anette* und *Lutz*, *Meinhards* Freund, Studienkollege und Patenonkel von *Florian*, angesagt. Ich überlege: Sage ich ab? Nein, den Abwechslung tut meinem lieben Schatz gut. Besonders, wenn es um das Thema „Zahnmedizin" geht.

Es ist eine wunderbare Zeit für die beiden. Einfach echte Freunde. *Anette*, eine liebe Freundin bis heute, begleitet mich während der zwei Jahre Leidensweg.

Die Gespräche mit *Dr. T.* geben *Meinhard* immer wieder Kraft und Hoffnung. So auch am 02.04.2009. *Dr. T.* betäubt das Schultergelenk mit Lidocain[14], sodass die Schmerzen für ca. zwei Stunden erträglicher werden. In der kommenden Nacht greift *Meinhard* erneut zu einer „Ibu 800", und er wird anschließend sehr unruhig und weint bitterlich. *Meinhard: „ Ich will sterben!"* Er tut mir so leid und an Schlaf ist nicht zu denken. In den frühen Morgenstunden nimmt er noch eine Schmerztablette. Höllische Schmerzen. *Meinhard* hat das Gefühl, dass sich die Schmerzen durch das Schmerzmittel noch verstärken. Den darauffolgenden Tag ruht er nur. Nicht nur der Arm, auch der gesamte Unterleib, die Leiste und der Darm quälen ihn sehr.

Manchmal habe ich das Gefühl, dass *Meinhard* über das Sterben nachdenkt. Er beauftragt eine Firma zum Einbau einer neuen Heizung. Als wenn er noch alles regeln will.

Den Frühling können wir nicht genießen. Selbst selber Autofahren ist für *Meinhard* nicht mehr möglich. Freund *Heinz* begleitet ihn zu den Heimspielen des VfL Osnabrück. An seinem Geburtstag, dem 08.05.2009, werden wir *Meinhard* mit VIP-Karten zum VfL-Heimspiel überraschen.

Am 20.04.2009 beginnt *Laras* Abiturprüfungswoche. Hoffentlich geht alles gut. Die Anspannung steigt.

Meinhards Unterleib wird zunehmend härter. Ist es Tumorwasser? Was muss er noch ertragen? Eine Punktion lehnt er ab. Der rechte Fuß und das rechte Wadenbein schwellen an, sodass es schwierig ist, an diesem Fuß einen Schuh zu tragen.

---

[14] **Lidocain** auch bezeichnet als: 2-Diethylamino-2',6'-dimethylacetanilid; Lidocainum **Allgemeines** – Lidocain lindert, wenn es als Creme, Gel, Paste oder Salbe auf die Haut oder Schleimhaut aufgetragen wird, Schmerzen, Brennen und Juckreiz. Spezielle medizinische Gele mit Lidocain werden eingesetzt, um Behandlungen in Körperhöhlen (Einschieben von Atemschläuchen und Kathetern) sowie Untersuchungen (Endoskopie) weniger schmerzhaft zu machen. In Zäpfchen und Cremes verarbeitet, dient Lidocain der Linderung von Beschwerden bei Hämorrhoiden. Als Lösung zur Injektion wird der Wirkstoff eingesetzt zur Betäubung einer Körperregion während Operationen bei akuten Schüben der Rückenwirbelerkrankung Spondylitis ankylosans (Morbus Bechterew) bei Beschwerden durch entzündlich-rheumatische Gelenkentzündung (rheumatoide Arthritis) bei einem Gicht-Anfall zur Behandlung von Herzrhythmusstörungen. ... , unter: http://medikamente.onmeda.de/Wirkstoffe /Lidocain.html.

Die Überraschung mit den VIP-Karten zum Geburtstag (08.05.2009) ist uns gelungen. *Meinhard* ist am Morgen seines Geburtstages völlig geschafft von den Schmerzen der vergangenen Nacht. Bis zum frühen Nachmittag ruht er sich aus. Mit *Lara* und *Florian* genießen wir einen unvergesslichen Tag im VfL-Stadion an der „Bremer Brücke".

Foto privat

Meinhard in Aktion beim VfL-Spiel

Am nächsten Tag geht gar nichts. Bauchdruck, Schmerzen in der Schulter und im Arm. Ich sitze an *Meinhards* Bett, streichele ihn und trockne dabei seine Tränen. Der Gedanke, dass wir ihn verlieren könnten, ist grausam.

In den kommenden Wochen wird der Bauch dicker und härter. Der Bauch ist so dick wie im 5. Schwangerschaftsmonat. Das rechte Bein und der rechte Fuß sind inzwischen doppelt so dick wie das linke Bein und der linke Fuß. Die Schmerzen ziehen bis in die Harnröhre. Die Kräfte schwinden. Nichts geht mehr. *Meinhard: „Lange halte ich das nicht mehr aus!"* Er freut sich, wenn sein Freund *Heinz* oder sein Schwager *Martin* ihn besuchen. Dann gibt er alles.

Am Abend des 09.06.2009, einen Tag vor unserer Reise nach Norderney, sitze ich an *Meinhards* Bett und berühre ihn, soweit er es ertragen kann.

Jede Berührung schmerzt. Unerträglich für ihn ist es, dass er mich nicht mehr in den Arm nehmen kann. *Meinhard: „Vielleicht ist es unsere letzte Reise. Ich möchte unbedingt nach Norderney!"*

Kapitel 11
Die Sorgen werden größer – dennoch:
letzte gemeinsame Reise nach Norderney

Bei strahlendem Sonnenschein erreichen wir Norderney am Nachmittag des 10.06.2009. Wir genießen einen kleinen Sparziergang am Meer. Gehen früh zum Abendessen und anschließend in unsere Ferienwohnung. Ein ganz anderer Urlaub. Die kommende Nacht ist von Schmerzen geprägt. Auf Norderney ist es wie zu Hause. *Meinhard* hat keine Kraft mehr und ruht fast den ganzen Tag, während ich zwischendurch traurig am Strand laufe. Letztendlich verbringen wir fast den ganzen Tag in der kleinen Wohnung. Wir nehmen in Gedanken Abschied. Lassen unsere gemeinsamen wunderbaren 35 Jahre Revue passieren. Wir lieben uns doch so sehr. *Meinhard* ist sehr stolz auf *Florian* und *Lara*.

Meinhard: „Ich bin bedrückt. Ich weiß nicht, wie lange ich Florian und Lara noch erleben werde. Ob ich erfahre, welchen beruflichen Weg sie letztendlich wählen. Ich habe Angst, euch alleine zu lassen und dass ich nicht mehr für euch sorgen kann. Ich kann nicht mehr. Für mich ist das kein Leben!"

Am Morgen des 13.06.2009 reisen wir vorzeitig ab. Das Auto für die Rückreise zu packen ist für mich ein Kraftakt, da die Ferienwohnung im 3. Stock liegt. Auf der Schiffsfähre lasse ich meinen Tränen freien Lauf. Das war unser Norderney.

Die Heimfahrt ist für *Meinhard* die Hölle. Schmerzen. Das eigene Bett zu Hause ist die Entschädigung. Wegen der starken Bein- und Fußschwellung versuchen wir es mit Lymphdrainagen bei der Physiotherapeutin Frau *K*.

Meinhard baut immer mehr ab: Isst wenig und nach dem Essen wird ihm so übel, dass er Galle erbricht. Kopfschmerzen kommen jetzt auch noch dazu. Gehirntumor? Ihm ist nur noch schlecht.

An *Laras* Abiturball am 20.06.2009 kann *Meinhard* leider nicht teilnehmen.

Meinhard mit Tochter *Lara* vor dem Abiball

Während des Abiballs: *Marion* mit Tochter *Lara*

Lara ist darüber sehr unglücklich. *Florian* bleibt bei *Meinhard*, sodass ich Lara beruhigter begleiten kann. Meine Gedanken sind trotzdem bei ihm. Beim Heimkommen gegen 01:00 Uhr hat *Meinhard* viehische Schmerzen. Er greift wieder zum Schmerzmittel. Ich unterstütze ihn, kühle ihm die Stirn und halte seine Hand. So vergeht Stunde für Stunde. In der Frühe gegen 05:00 Uhr geht es mit den Schmerzen voll ab. Die ganze Nacht keinen Schlaf. Mittlerweile bin ich 24 Stunden wach.

Nach den Lymphdrainagen ist *Meinhard* völlig kraftlos. Am 23.06.2009 bringt er wieder zum Ausdruck, dass er nicht mehr will. Wir weinen. Diese unerträglichen Schmerzen. Wir müssen ihn loslassen. Er wird uns allen fehlen.

Laras Geburtstag, der 25.06.2009. Abends genießt *Meinhard* es, mit *Laras* Geburtstagsgästen für eine kurze Zeit im Garten zu sitzen. Dieser Sommer ist sehr heiß und die Hitze macht ihm sehr zu schaffen.

Ich stoße an meine Grenzen: Mein Job, die Sorge um *Meinhard* und uns, der Haushalt und der Garten. Ein bisschen viel.

Die kommenden Nächte sind immer ähnlich: Schmerzen und Toilettengänge. Ich schlafe nur noch in Etappen. Meine liebe Ma unterstützt mich sehr. Sie besucht mich regelmäßig. Wenn ich mal tief traurig bin, rufe ich sie an. Ma kann es total nachvollziehen, wie es mir geht, da mein lieber Vater leider vor sieben Jahren – im Alter von 72 Jahren – an Bauchspeicheldrüsenkrebs verstorben ist.

Kapitel 12
Unsere Kräfte lassen mehr und mehr nach – Krankenhauseinweisung

Meinhard erbricht sich ständig. Nur Galle. Der Bauch ist mittlerweile so dick und hart geworden, dass er sich zum Erbrechen auf den Fußboden knien muss. Das Bild ist grauenhaft. Eine Qual. Er ist vom Krebs gezeichnet.

Lara beginnt Anfang Juli ein halbjährliches Pflegepraktikum im Krankenhaus, sodass ich sie zur Unterstützung während dieser Zeit nicht mehr voll für *Meinhards* Pflege einplanen kann.

Dreiviertel des Tages verbringt er im Bett. Beim Aufstehen wird ihm übel und der Brechreiz überkommt ihn. Essen mag er auch nicht mehr. *Meinhard* gibt mir zu verstehen, dass er zur Zeit keinen Besuch wünscht. Seine Kräfte lassen es nicht zu.

Am 11.07.2009 fliegt *Florian* für sieben Wochen nach Alaska. In der Wildnis übernimmt er auf der „Cotton Wood Lodge" die Aufgabe eines Guides, um Angeltouristen die schönsten Plätze der Welt zu zeigen.

Meinhards Bauch scheint bald zu platzen und seit ca. acht Tagen hat er auch keine Verdauung mehr. Meinen Vorschlag, zu *Dr. P.* zur Untersuchung zu gehen, wird mit folgender Begründung immer wieder abgelehnt *„Ich lasse mich nicht punktieren!"*.

Am 16.07.2009 ertrage ich es nicht mehr und bin gleich um 07.30 Uhr in der Praxis von *Dr. P.* Am Mittag schallt *Dr. P.* den Bauch ab. *Dr. P: „So was habe ich noch nicht gesehen. Ein Tumor. Abgekapselt. Gutartig. Der Tumor drückt auf den Darm. Darum kein Stuhlgang."* *Dr. P.* veranlasst eine Krankenhauseinweisung.

Wir fahren nach Hause und packen die nötigsten Sachen. *Meinhard* ist sehr betroffen. Seine Gedanken: „Werde ich wieder nach Hause kommen?" Tränen fließen.

Bei der körperlichen Aufnahmeuntersuchung in der Klinik wird eine ausgeprägte Überlaufblase mit fünf Litern Inhalt und Harnstauungsnieren III. Grades beidseitig diagnostiziert: kein Tumor! Mithilfe eines transurethralen Blasenkatheters[15] wird langsam die Blase entleert. Stündlich 500ml. Der Bauch wird flacher und die Schmerzen und Übelkeit lassen nach. Formalitäten müssen erledigt werden. Warum hat er sich nicht schon vor Wochen untersuchen lassen?

Meinhard liegt auf der Station von Herrn *Dr. Z.* Er äußert den Wunsch *„Keine Telefonate und keinen Besuch!"*. Blutuntersuchungen laufen. Der Zuckerwert wird auf 400 mg/dl und teilweise darüber bestimmt.

Am darauf folgenden Tag, dem 17.07.2009, wird bei einer Operation ein suprapubischer Katheter implantiert. Chefarzt *Dr. Z.* führt die Operation persönlich durch. Wir hoffen, dass jetzt alles gut wird.

Am Nachmittag des selbigen Tages treffe ich *Dr. Z.* auf dem Krankenhausflur. Er nimmt mich zur Seite und rät zur Hormonbehandlung. In folgendem Zustand finde ich *Meinhard* im Patientenzimmer vor: Kniend auf dem Boden, den Kopf liegend auf dem Bett und der Katheterbeutel mit Blut gefüllt. Unerträgliche Schulter- und Armschmerzen. *Meinhard: „Ich springe gleich aus dem Fenster!"* Sofort lasse ich den diensthabenden Arzt rufen. Er injiziert innerhalb von sechs Stunden zweimal Procain[16] in die Schulter.

Meinhard zittert am ganzen Körper und wird ganz unruhig. *Meinhard:* *„Die haben mir zu viel Insulin gespritzt!"* Der Zuckerwert ist am Vormittag auf 500 mg/dl angestiegen, d.h., das Dreifache von dem, was

---

[15] Ein **Blasenkatheter** ist ein Kunststoffschlauch, der entweder über die Harnröhre (transurethral) oder die Bauchdecken (suprapubisch oder Bauchdeckenkatheter) in die Harnblase eingebracht wird. Er dient der Harnableitung oder Harngewinnung. Die Länge wird in Zentimeter und die Dicke in Charrière angegeben. ... (Blasenkatheder – Wikipedia)

[16] **Procain – Das königliche Medikament** – Procain hat viele positive Effekte: Zum Beispiel lindert es Schmerzen, unterstützt die Durchblutung, versorgt die Zellen mit mehr Sauerstoff, fängt „freie Radikale"; lindert Entzündungen und damit rheumatische Schmerzen, stärkt das Immunsystem und aktiviert das Gedächtnis – und das alles ohne unerwünschte Nebeneffekte. Die Rede ist von einem Wirkstoff „Procain", der einst als Lokalanästhetikum hergestellt wurde, eine Renaissance als Medizin gegen das Alter erlebte und möglicherweise einmal gegen Krebs seinen Einsatz findet. Der Wirkstoff wird bereits zur Prävention von Schlaganfall und Herzinfarkt eingesetzt. Mehr als 5.000 Publikationen bilden die Grundlage der Erforschung der vielseitigen Substanz, die auf eine ebenso lange Erfolgsgeschichte wie die Acetylsalicylsäure, dem Wirkstoff von Aspirin®, zurückblicken kann. ... , unter: http://www.aslan.info/originaltherapien /procain.html.

normal ist. Die Hände und Füße sind eisig kalt. *Lara* kommt dazu und *Meinhard* bittet uns, seine Hände zu halten. Er ist sehr unruhig. Wie auf Entzug!

In der kommenden Nacht schläft er leider nur eine halbe Stunde und morgens finde ich ihn völlig erschöpft vor.

Auf *Meinhards* Wunsch besucht Freund *Heinz* ihn am Vormittag des 19.07.2009. Ich lasse die beiden allein. Am Nachmittag das gleiche Erscheinungsbild wie am Vortag: Zittern, kalte Hände und Füße sowie Tränen. Dieser Zustand hält drei Stunden an. Die haben wieder zu viel Insulin gespritzt und am Vormittag wurde ihm auch noch ein Tropf mit Glukose (Traubenzucker)[17] verabreicht. Unverantwortlich, so meine Beurteilung!

Am nächsten Tag bin ich nicht in der Lage, ins Büro zu gehen, da ich keinen klaren Gedanken fassen kann. Gleich morgens um acht bin ich in der Klinik.

Mit *Meinhards* Psyche sieht es nicht gut aus. Gedanklich nehmen wir wieder mal Abschied. Wir weinen. *Meinhard* teilt mir seine Wünsche mit, für den Fall, dass er den Kampf gegen den Krebs verliert. Zu allem Übel bekommt er heute auch noch Fieber. Er schläft den ganzen Nachmittag. Der Zuckerwert steigt zeitweise auf über 500 mg/dl.

---

[17] D(+)-**Glucose** ist auch unter dem deutschen Namen Traubenzucker bekannt. Sie bildet weiße Kristalle, die nicht so süß wie Fructose oder Saccharose schmecken und gut in Wasser und mäßig in Ethylalkohol löslich sind. Das Kohlenhydrat Traubenzucker gehört zur Familie der Einfachzucker (Monosaccharide), die in der Lage sind, andere Stoffe zu reduzieren. Daher reduziert der Einfachzucker wie auch Fructose die Fehlingsche Lösung. Der Kupfer(II)-tartrat-Komplex in der Fehlingschen Lösung wird dabei zu unlöslichem Kupfer(I)-oxid reduziert, das als rotbrauner Niederschlag ausfällt. Mit Mehrfachzuckern fällt die Fehlingprobe negativ aus. ... Das menschliche Blut hat einen Glucosegehalt von 0,08 bis 0,11 %. Das Gehirn ist auf diesen Brennstoff angewiesen. Eine Erhöhung des Blutzuckergehalts führt zur Hyperglykämie und zu einer Ausscheidung von Glucose im Harn. Diese Gefahr besteht vor allem bei Diabetikern. Hyperglykämien können zu lebensbedrohlichen Wasserverlusten und damit zu Kreislaufversagen führen. Das in der Bauchspeicheldrüse erzeugte Hormon Insulin wirkt einem Anstieg des Blutzuckerspiegels entgegen. Ein weiteres Hormon, das Glucagon, verhindert, dass der Blutzuckerspiegel unter den Normalwert abfällt. Im Falle einer Unterversorgung (Hypoglykämie) des Gehirns mit Blutzucker treten Bewusstseinsstörungen, Schwindel und Zittern auf. Auch dies kann lebensbedrohlich werden. Bei der Zuckerkrankheit Diabetes mellitus ist die Insulinproduktion in der Bauchspeicheldrüse gestört, so dass eine krankheitsbedingte Erhöhung des Blutzuckerspiegels vorliegt. Zur Diagnose dient der Traubenzuckernachweis im Harn. Zur Therapie erhalten Diabetiker das für sie lebensnotwendige Insulin. ... , unter: http://www.seilnacht.com/Chemie/ch_gluco.htm.

Dr. Z. will für die weitere Therapie einen Urologen hinzuziehen. Er organisiert für den nächsten Tag einen Termin im Klinikum. Im Taxi begleite ich ihn am nächsten Tag, dem 21.07.2009, zu dem Termin beim Urologen. Angekommen am Klinikum organisiere ich einen Rollstuhl. Ein Gefühl, das ich nicht beschreiben kann.

Der Chefarzt führt mit uns das Therapiegespräch. War nicht anders zu erwarten: Hormontherapie und frühzeitige Einleitung einer Chemotherapie wegen der schmerzhaften ossären Metastasen[18]. *Meinhard* bittet um Bedenkzeit. Er will nicht. Dieser Transport hat ihm sehr zugesetzt. Völlig kraftlos und erschöpft liegt er nachmittags wieder in seinem Krankenbett.

---

[18] Von **Knochenmetastasen** (oder ossären Metastasen) spricht man, wenn Krebszellen sich von ihrem Ursprungsgewebe ablösen, über den Blutkreislauf im Knochenmark ansiedeln und dort zu wachsen beginnen. Etwa 1,5 Mio. Tumorpatienten weltweit leiden unter Knochenmetastasen. Krebsarten, die besonders häufig in den Knochen streuen, sind Prostata- und Brustkrebs. Durch das Metastasenwachstum im Knochenmark wird die umgebende **Knochensubstanz** angegriffen. Die Tumorzellen geben Substanzen ab, die das natürliche Gleichgewicht zwischen Knochenauf- und -abbau verändern und so die gesunde Knochensubstanz und die stützende Knochenstruktur zerstören. Dadurch wird der Knochen instabil, und es können so genannte Skelettkomplikationen auftreten, wie
•Pathologische Knochenbrüche
•Wirbelsäulenkompressionen mit Lähmungserscheinungen und Schmerzen
Die Knochenbrüche müssen häufig operativ stabilisiert werden.
Spezielle Untersuchungen durch den Radiologen machen die Knochenveränderungen sichtbar (Röntgen, MRT, PET-CT). Neben den radiologischen Verfahren können auch bestimmte Substanzen in Blut und Urin Hinweise auf Knochenmetastasen geben. ... , unter: http://www.novartisoncology.de/therapiegebiete/knochenmetastasen/index.shtml.

Der festgestellte erhöhte Entzündungswert im Blut stimmt Herrn *Dr. Z.* sehr bedenklich. In den folgenden Tagen wird unter anderem die Lunge geröntgt und ein Ganzkörper-CT[19] veranlasst. Kein Befund!

---

[19] **Ganzkörper-CT: Strahlenbelastung wie bei Hiroshima**
Ganzkörper-CTs können das Krebsrisiko erhöhen. Vor allem dann, wenn diese Untersuchung jährlich vorgenommen wird. Warnt Radiologe und Onkologe David J. Brenner: "Die Strahlungsdosis ist vergleichbar mit jener von Atombomben-Überlebenden."
Das Risiko der Krebssterblichkeit durch einen einzigen Ganzkörper-Computertomographie (CT)-Scan ist zwar bescheiden, aber nicht unerheblich und die Risiken, die sich aus regelmäßigen jährlichen Untersuchungen ergeben, sind noch viel höher. Zu diesem Ergebnis kommt eine Studie von David J. Brenner, einem Professor für Radiologie und Onkologie sowie für öffentliche Gesundheit an der Columbia Universität in New York City. Die zunehmende Popularität von Ganzkörper-CT hat Bedenken bezüglich des Risikos der Krebssterblichkeit in Verbindung mit der radioaktiven Strahlung ausgelöst, der man im Falle einer Ganzkörper-CT ausgesetzt ist.
Auf der Basis von Einzelberichten wurden die Scans an Menschen durchgeführt, um verschiedene Krankheiten zu identifizieren, darunter Darm- und Lungenkrebs und Herzleiden. ... , unter: http://www.medizinauskunft.de/artikel/diagnose/krankheiten/ Krebs/06_09_ct. php.

Kapitel 13
Meinhard wieder zu Hause – aber keine Ruhe

Am 24.07.09 entlässt *Dr. Z. Meinhard* nach Hause. *Meinhard* äußert an-schließend: *„Ist das schön zu Hause zu sein. Wie kann man mit so wenig zufrieden sein?"*

Damit meint er das eigene Bett und einfach nur zu Hause zu sein. Der Bauchdeckenkatheter gehört ab jetzt zu seinem Leben. *Meinhard* ist in voller Hoffnung, dass dieser Katheter in absehbarer Zeit wieder zurückverlegt wird, d.h., ein Wasserlassen über die Harnröhre ist das Ziel.

Meinhard genießt die Ruhe und mein gutes Essen. Sein Appetit ist vorübergehend mehr als gut. Zwei- bis dreimal warmes Essen am Tag.

In den nächsten Tagen nehmen wir Termine bei der Physiotherapeutin Frau *K.* wahr. Die Schulterschmerzen werden nach der Behandlung stärker. Warum?

In den Nächten bleibt alles beim Alten. *Meinhard* findet keine Ruhe. Hinzu kommt jetzt ein Brennen im Darm und in der Harnröhre. Was muss er noch alles ertragen? Ich bin morgens manchmal wie gerädert wegen der vielen Schlafunterbrechungen. Wie lange werde ich noch durchhalten?

Am Freitag, dem 31.07.2009, verlangt sein Körper wegen seiner Müdigkeit nach viel Ruhe. Abends weint er bitterlich. *Meinhard: „Warum bin ich nicht im Krankenhaus eingeschlafen? Ich war doch schon so müde. Keinen Tag im Jahre 2009 ohne Schmerzen!"*

Die kommende Nacht ist wieder die Hölle. Am Mittag des 01.08.2009 kommt *Dr. B.* und spritzt *Meinhard* Kortison. Die Zuckerwerte schnellen auf 600 mg/dl hoch. Eine wirkliche Linderung hat das Kortison auch nicht gebracht, aber ausprobieren muss man alles.

Am 03.08.2009 stehen zwei Arzttermine an. *Dr. T* spritzt Procain in die Schulter und massiert die Verhärtungen. Anschließend nehmen wir den Termin beim Urologen *Prof. Dr. v. A.* wahr. Therapievorschlag: Hormontherapie. *V.A.* zu *Meinhard: „Ihr Skalp ist eh nicht mehr zu retten!"* Sehr unmenschlich. Das hat *Meinhard* ihm auch nie verziehen und wollte von ihm danach auch nicht mehr behandelt werden.

Der Urin ist nach wie vor trübe. Die Frage: Eiter oder Gewebereste? *Meinhard* ist sehr müde und verlangt nach viel Ruhe. Besuch ist nicht erwünscht.

Florian meldet sich am 10.08.2009 über Skype aus Alaska. Es tut so gut, seine Stimme zu hören. Er wäre jetzt auch lieber bei seinem Pa.

Am 13.08.2009 geht gar nichts mehr. Wir sitzen beide auf dem Badewannenrand und weinen. *Meinhard*: **„Warum muss ich das alles ertragen? Selbst Schmerzmittel sind mir verwehrt!"** Die Schmerzmittel erzeugen bei ihm eine paradoxe, d.h., eine entgegengesetzte Wirkung. Die Schmerzen verstärken sich.

Meinhard ist am 15.08.2009 so geschwächt, dass er nicht in der Lage ist, das VfL-Heimspiel im Stadion anzusehen. Er schaut es sich zu Hause an, und mein Bruder *Martin* kommt gerne dazu.

Die Schulter will er für längere Zeit nicht behandeln lassen. Also vorübergehend keine Therapie bei Frau *K*.

Ein Katheterwechsel muss am 19.08.2009 im Klinikum Osnabrück vorgenommen werden. *Meinhard* ist sehr angespannt. Oberarzt *Dr. B.* nimmt den Eingriff vor. Zu ihm hat er sehr viel Vertrauen. Der Abend ist grauenvoll. Schmerzen und Druck in der Blase sowie stechende Schmerzen im Penis. Wir weinen. *Meinhard*: **„Ich will nichts mehr machen. Wenn ich einschlafe, ist es auch ok. Ich kann nicht mehr!"**

Meine Kraft ist auch bald am Ende.

Die Freude ist sehr groß, als *Florian* am 26.08.2009 von seiner Alaskareise zurückkehrt. *Meinhard* ist beruhigt: **„Jetzt sind wir wieder zu viert!"**

Es gibt Tage, da sind die Schmerzen zu ertragen und dann gibt es Tage, die sind so grausam. So wie am 28.08.2009: *Meinhard* kommt mit *Florians* Unterstützung aus dem oberen Schlafbereich nach unten in den Wohnbereich. Vor höllischen Schmerzen im Unterleib wäre er fast kollabiert. Sprachlos sitzen wir neben ihm. Morphin wäre die Schmerzlösung.

Meinhard hat Angst, dass bei Einnahme von Morphin sein Lebenswillen vollständig gelähmt wird. Neben der Schmerzhemmung hat Morphin noch weitere Wirkungen, die ihn davon abhalten, zum jetzigen Zeitpunkt schon Morphin zu nehmen: Nach der „Neuen Germanischen Medizin" unterbricht

Morphin den Heilungsprozess. Morphin verengt die Pupillen und vermindert die Ausscheidung giftiger Stoffe über den Harn, dazu senkt es den Blutdruck und die Herzfrequenz. Außerdem hat es eine lähmende Wirkung auf den Darm, was während der Behandlung zu starken Verstopfungsbeschwerden führen kann.

Das Heimspiel des VfL Osnabrück gegen Jena am 29.08.2009 will er unbedingt im Stadion verfolgen. Freund *Heinz* begleitet ihn. Woher nimmt *Meinhard* die Kraft? Er kämpft total!

Ich habe mich in der Zwischenzeit an die bescheidenen Nächte gewöhnt. Es gibt auch bei mir Tage, an denen ich sehr viel weine. Meistens wenn ich allein bin – oder bei meiner lieben Ma.

Kapitel 14
Erinnerungen an eine wunderbare Zeit

Meinhard weint. Er fühlt sich kraftlos, entschuldigt sich, wenn er meine Hilfe benötigt, aber ohne Unterstützung geht es nicht mehr. Wir erinnern uns am 08.09.2009 gerne an den Tag, als wir uns vor 36 Jahren kennen und lieben gelernt haben. Es waren wunderschöne 36 Jahre. Wir sehen uns nur an. Es ist alles gesagt.

Es stimmt *Meinhard* und mich nachdenklich, dass sich einige Freunde und Bekannte nicht mehr bei uns melden. *Meinhard*: *„Wenn ich es schaffe, werde ich mein Adressbuch kürzen!"*

Martin und *Heiner* haben *Meinhard* am 12.09.2009 Gesellschaft geleistet. *Martin* zum Fußball schauen und *Heiner* später zum Bierchen. Das schmeckt ihm noch gut. Der Abend und die kommende Nacht sind von Schmerzen geprägt. Ich habe beobachtet, dass – auch nach nur geringem Alkoholkonsum – die Schmerzen extrem stark werden. Der Tag nach solchen Nächten ist für mich auch nicht einfach.

Unser 30. Hochzeitstag am 14.09.2009: Wir hatten schon bessere Hochzeitstage. Besonders in Erinnerung bleibt mir unsere Silberhochzeit 2004 auf Ibiza. Als Jungerwachsene haben wir dort oft eine schöne Zeit verbracht.

Unsere Silberhochzeit auf Ibiza (2004)

Wunderschönes Herbstwetter im September 2009. *Meinhard* äußert den Wunsch, mal wieder auf „unserer Bank" am Waldesrand in Ostenfelde Platz zu nehmen. Ich erfülle ihm gern diesen Wunsch. Einen Teil des Weges fahren wir mit dem Auto und gehen ganz langsam zu „unserer Bank". Schauen ins Münsterland, essen Bucheckern, schweigen und sprechen. Wieder zu Hause angekommen ist *Meinhard* sehr erschöpft. Es war ein Kraftakt.

Ich überzeuge ihn, den Termin bei den Jagdkollegen am 18.09.2009 zur Jagdterminbesprechung wahrzunehmen. Im Kreise seiner Jagdkameraden verbringt er eine sehr gute Zeit. Die kommende Nacht ist die Hölle. Schmerzen! Wenn Morphin im Hause gewesen wäre, hätte *Meinhard* es genommen. Von der Nacht gezeichnet schlummert er den ganzen Tag, und die darauffolgende Nacht ist genauso grausam. Seine Psyche ist sehr angeschlagen. Am Nachmittag sitzt *Meinhard* weinend im Sessel und sagt zu *Lara*: **„Ich muss Euch verlassen!"**

Sofort informiere ich *Florian* per SMS. Unverzüglich kommt er dazu. Da *Meinhard* die letzten Monate nicht wirklich schlafen konnte, beschließen wir gemeinsam, Schlaftabletten zur Unterstützung zu geben. Nach der Einnahme von einer Schlaftablette schläft er erstmalig seit Monaten 6 bis 8 Stunden. Was für eine Wohltat. Daraufhin nimmt er am nächsten Abend erneut eine Schlaftablette. Am darauf folgenden Tag kann er nicht mehr laufen. *Meinhard* ist wie gelähmt. Wirkung der Schlaftablette. Diese Wirkung schwächt sich erst innerhalb von 20 Stunden ab. Fazit: Keine Schlaftabletten mehr.

Die Tage und Nächte sind immer gleich. Abwechslung geben ihm unter anderem die Besuche von Freund *Heinz*. So auch am Samstag, dem 17.10.2009. Neben Kaffee genießen die beiden bei einem guten Gespräch auch einen Grappa.

Höllische Schmerzen stellen sich am Abend ein. *Meinhard*: **„Ich will nicht mehr leben. Hol' bitte keinen Arzt. Ich will kein Morphium!"**. Der Darm schmerzt so stark. *Lara*: „Papa, Du schaffst das. Die Schmerzen kommen von dem Grappa." Wenn dem so ist, darf *Meinhard* absolut keinen Alkohol mehr trinken. An diesem Abend fließen wieder sehr viele Tränen.

Am 19.10.2009 ereilt uns eine sehr traurige Nachricht. *Meinhards* Studienkollege *Thommy Sch.* ist in Florida am 10.10.2009 an einem Herzinfarkt verstorben. Unfassbar für uns. Auch *Thommy* hatte noch so viel geplant. Er war ein Visionär. Schade!

Kapitel 15
Ist dieses Leben noch lebenswert? – Abschiedsgedanken

Meinhards Leben ist nicht mehr lebenswert. Sein gesundheitlicher und psychischer Zustand wird Mitte November immer kritischer. Einige nahestehende Menschen haben es bis heute nicht so richtig realisiert, wie krank er ist. Vielleicht verdrängen sie es auch. Ich tue mich schwer, in die Öffentlichkeit zu gehen, denn ich möchte nicht angesprochen werden.

Das Pokalspiel VfL Osnabrück gegen Dortmund verfolgt er unter extremer Anstrengung live am 27.10.2009 im Stadion an der Bremer Brücke. Freund *Heinz* begleitet ihn.

Lutz und *Anette* besuchen *Meinhard* am 22.11.2009. Auf Besuch muss sich *Meinhard*, wenn er es zulässt, vorbereiten. Er genießt die Zeit, wenn sein Freund *Lutz* bei ihm ist – aber nach drei Stunden ist er an diesem Tag am Ende seiner Kräfte.

Am 24. 11.2009 begleite ich *Meinhard* in die Praxis von *Dr. P.* zur Blutentnahme. Der PSA-Wert soll nach Monaten mal wieder bestimmt werden Heute wird ihm von *Dr. P.* mitgeteilt, dass auch er seine Praxis zum 01.12.2009 – wegen eigener Krebserkrankung – schließt.

Der PSA-Wert wird am 25.11.2009 auf 231,88 ng/ml bestimmt. Für *Meinhard* kein Grund zur Hormontherapie. Am Abend krümmt er sich vor Schmerzen. Es schmerzt unerträglich im Penis, im Darm und in der Schulter. *Florian* hält seine Hand. Es ist nicht einfach, den Vater so leiden zu sehen.

Meinhard: *„Ein Jahr mit Schmerzen. Keine Minute ohne. Ich weiß nicht, wie lange ich das noch schaffe?"* Die Angst und Not durch den Krebs haben uns verbunden. Die Zeit, die uns gemeinsam bleibt, nehmen wir bewusst wahr. Die Offenheit ist sehr wichtig. In den Gesprächen bereiten wir uns auf einen möglichen Abschied vor.

Meinhard verbringt den einen oder anderen Tag fast nur oben in seinem Bett. Schon nach der Rasur ist er schon völlig erschöpft. Die Körperpflege ist ein Kraftakt. Das ist kein Leben mehr. Er tut mir so leid. Es ist hart an der Grenze.

Am 29.11.2009 ereilt ihn wieder eine starke Schmerzattacke. Die Kinder und ich sind bei ihm. *Florian* und *Lara* sind so lieb zu ihrem Papa. Durch das Glück, das *Lara* und *Florian* mit ihm erlebt haben, aber auch das Leid, durch welches sie jetzt gemeinsam mit ihm gehen, sind sie sehr stark geworden.

Bei uns wird das ein oder andere Mal noch gelacht, obwohl der Tod so nah ist. Heute entschuldige ich mich bei *Meinhard*: *„Ich schlafe nachts und Du liegst wach neben mir."* *Meinhard*: **„Mäuschen, es ist so schön, wenn Du bei mir bist und ich Dich schlafen höre."** Wir weinen.

Ich muss für mich lernen, die jetzige Situation zu akzeptieren. Das Beste daraus machen und jeden Augenblick wahrnehmen. *Meinhards* Geruch, die Blicke, den Händedruck oder nur schweigen.

Der 01.12.2009 ist für mich persönlich ein ganz besonderer Tag. Innerhalb der Fa. *B.* habe ich meinen Arbeitsplatz gewechselt. Ich darf jetzt im Hofgarten im Bereich Marketing arbeiten. Meine Kolleginnen *Nina*, *Alexandra* und mein Kollege *Christian* sind sehr verständnisvoll.

Ich hetze zwischen Büro, Haushalt, Einkäufen und Arztterminen. Für den 09.12.2009 organisiere ich bei seinem neuen Hausarzt *Dr. N.* einen Termin. *Meinhard* entscheidet sich für eine Sauerstoff-, Mistel- und Thymusbehandlung[20].

Ich fahre ihn ab dem 10.12.2009 täglich in die Praxis *Dr. N.* zur Therapie. Zusätzlich stehen Termine bei *Dr. T.* und Frau *K.*, seiner Physiotherapeutin, an.

---

[20] **Mistel- und Thymustherapie**
A) Thymustherapie
Thymusextrakte für das Immunsystem. Die Thymusdrüse ist eines der wichtigsten Organe des menschlichen Immunsystems. Sie ist die Schule der Abwehrzellen und sorgt für ihre Spezialisierung. Sie liegt direkt hinter dem Brustbein und wächst bis zur Pubertät. Dann ist sie etwa so groß wie eine Mandarine. Danach bildet sie sich langsam bis auf Kirschgröße zurück, so daß sie im 40. Lebensjahr ca. 80% ihrer ursprünglichen Größe und Aktivität eingebüßt hat. Das Immunsystem verliert daher mit zunehmendem Alter an Abwehrkraft. ...
B) Misteltherapie
Die Misteltherapie beruht auf einem etwas anderen Wirkprinzip. Hierbei werden durch bestimmte pflanzliche Wirkstoffe (spez. Mistel-Lektine) unspezifische Reizwirkungen auf das Immunsystem ausgelöst, was bei Unterfunktion des Immunsystems (z.B. bei Krebs) von großer Bedeutung und somit sehr hilfreich sein kann. Die Misteltherapie ist ebenfalls eine Spritzenbehandlung und wird von den Krankenversicherungen mittlerweile erstattet, da sie in den letzten Jahren zunehmend Eingang in die wissenschaftliche Medizin gefunden hat. Der Schwerpunkt der Misteltherapie sind die Krebserkrankungen., unter: http://www.naturheilzentrum.de/Lexikon/Therapien/mistelthymustherapie. htm.

Die Nacht vom 12.12.2009 auf den 13.12.2009 ist grausam. Zwölf Stunden nahezu unerträgliche Schmerzen. *Lara* und *Florian* unterstützen mich. *Meinhard*: *„Dies verfickte Leben. Mäuschen ich sterbe!"* In diesem Moment bin ich ganz stark. Berühre ganz leicht seine Hand und kühle seine Stirn.

Berührungen auf seiner Haut kann er kaum ertragen. Selbst die Bettdecke schmerzt auf dem Körper. Obwohl Winter ist, kann nur eine sehr leichte Decke als Zudecke genommen werden. Eine oder zwei Wärmflaschen gehören jetzt immer dazu.

Meinen 52. Geburtstag am 17.12.2009 verbringe ich im engsten Familien- und Freundeskreis. Der Sinn steht mir nicht nach feiern.

Am 22.12.2009 fahre ich *Meinhard* zum Katheterwechsel ins Klinikum Osnabrück. Er ist sehr angespannt, obwohl *Dr. B.* immer sehr einfühlsam bei dem Eingriff ist. Der Urin ist nach dem Katheterwechsel mit Blut und Geweberesten angereichert. Antibiotika für fünf Tage wird verordnet. Die kommende Nacht ist gezeichnet von viehischen Schmerzen. An Schlaf ist nicht zu denken.

Florian feiert seinen 22. Geburtstag am 23.12.2009 ebenfalls nicht.

Kapitel 16
Trauriges Weihnachtsfest 2009 –
Meinhard wird zunehmend pflegebedürftiger

In diesem Jahr verbringen wir ein sehr trauriges Weihnachtsfest. Am Heiligen Abend fließen bei *Meinhard* Tränen. Ihm fällt es zunehmend schwerer, auf einem Stuhl oder im Sessel zu sitzen. Der Druck auf den Darm und die Prostata ist dann enorm groß und das bereitet ihm Schmerzen.

Den Jahreswechsel verbringen wir erstmalig seit Jahren nicht mit *Heinz* und *„Irmi"*, da *Meinhard* zu geschwächt ist. Im Beisein von *Florian* äußert er am 31.12.2009 mir gegenüber erstmals Wünsche für den Fall, dass er sterben sollte.

Er wünscht keine Abschiednahme nach seinem Tod am Sarg. Wichtig für ihn sind eine Trauerfeier nur im engsten Familien- und Freundeskreis und die Traueranzeige erst nach der Trauerfeier. Meinhard weiß, wie sehr ich jetzt leide. Er möchte nicht, dass „die Leute" mich so sehr trauernd am Grab sehen.

„Ein besseres neues Jahr 2010!". Das ist unser Wunsch.

Die Kräfte schwinden und er verliert immer mehr an Gewicht. *Meinhard*: *„Hoffentlich werde ich nicht bettlägerig!"* Ohne meine/unsere Mithilfe geht nichts mehr: weder die Körperpflege noch die Essensaufnahme. Die sechzehn Treppenstufen vom Schlafbereich in den Wohnbereich schafft er nur mit Unterstützung. Ich spreche *Meinhard* heute auf die Beantragung einer Pflegestufe an. Er bittet um einen Tag Bedenkzeit. Am darauffolgenden Tag stimmt er zu. Ich ergreife sofort die Initiative und nehme Kontakt mit der Krankenversicherung auf.

Das neue Jahr beginnt wie das alte aufgehört hat. Arzttermine, die für *Meinhard* jedes Mal ein Kraftakt sind. Schlafmangel, der ihm sehr zu schaffen macht, und die unerträglichen Schmerzen. So wie am Abend des 08.01.2010. Unter Tränen sitzend am Tisch äußert er: *„Ich kämpfe nur für euch!"* Es tut so weh zuzusehen wie er leidet. In diesem Moment denke ich *„Wie lange noch?"*. Zweifel kommen auf.

Wegen der Schlafstörungen bekommt er das Antidepressivum „Ardeytropin", Wirkstoffgruppe: Tryptophan[21] verschrieben. Am Abend nimmt er eine Tablette von dem verordneten Medikament „Ardeytropin". Die Nebenwirkungen des Medikamentes machen sich sofort bemerkbar. Es stellen sich Lähmungserscheinungen in den Beinen ein und jetzt schmerzt auch noch die linke Körperseite. Die Nacht wird zur Hölle.

Meinhard kommt am darauf folgenden Tag nicht allein aus dem Bett. Er ist gelähmt. Nur mit meiner Unterstützung ist der Toilettengang möglich. Circa 24 Stunden benötigt der Körper zum Abbau des Wirkstoffes.

Am 10.01.2010 ist dann für *Meinhard* der Tag danach. Es läuft alles nur in Etappen: Das Zähneputzen, die Rasur und das Duschen. Es ist wunderbares Winterwetter, strahlend blauer Himmel und eine wunderschöne Schneelandschaft. Für mich persönlich kein schöner Sonntag. Totenstille im Haus. Den ganzen Tag Bettruhe für *Meinhard*.

Die Arztbesuche werden zunehmend anstrengender. Mein Schlaf wird ein bis zweimal stündlich unterbrochen. Ich spüre seine Unruhe und nehme jeden Atemzug und das leiseste Stöhnen vor Schmerzen wahr. Der Gesundheitszustand ist erschreckend.

Meinhard ist so entkräftet. Die Lymphen in der rechten Leiste sind stark angeschwollen. Dadurch bedingt ist das rechte Bein sehr dick.

Ich funktioniere nur noch. Ablenkung finde ich im Büro. In dieser Zeit denke ich dann weniger an zu Hause. Meine Tränen laufen unkontrolliert. Lautstark weine ich im Auto. Da hört und sieht es niemand. Es tut so weh, wenn ich Bilder aus vergangenen Zeiten anschaue und *Meinhard* jetzt so leiden sehe. Ich beobachte in meiner jetzigen Situation verstärkt andere Paare. Meine Gedanken: *„So schön könnten wir es auch haben!"* Ich muss nach vorne schauen, aber einfacher gesagt als getan.

---

[21] L-Tryptophan – bei Depressionen und Schlafstörungen
Die essenzielle Aminosäure Tryptophan, ein Vorläufer des Neurotransmitters Serotonin, wird in der **Orthomolekularen Medizin** (auch in Form von L-5-Hydroxytryptophan) bei depressiven Symptomen speziell in der prämenstruellen Phase und bei Schlafstörungen eingesetzt. In der Allopathie kommt es als mildes Schlaf- bzw. Beruhigungsmittel zum Einsatz (Kalma®), unter: http://focus-blog.pharmxplorer.at/ 2009/05/l-tryptophan-bei-depressionen-und-schlafstorungen/.

Kapitel 17
Pflegeeinstufung

Seit drei Wochen warte ich auf den Anruf eines Arztes des Medizinischen Dienstes. Es geht um eine Terminvereinbarung wegen einer Pflegeeinstufung.

Dr. B., beauftragter Arzt vom Medizinischen Dienst, nimmt endlich am 28.01.2010 telefonischen Kontakt mit mir auf. In dem Telefonat gebe ich ihm zu verstehen, dass ich den Medizinischen Dienst nicht mehr benötige, wenn mein Mann verstorben ist. Kurzfristig legen wir den Begutachtungstermin auf den 02.02.2010, 09:00 Uhr, fest.

Pünktlich um 09:00 Uhr erscheint *Dr. B.* Es ist ein eigenartiges Gefühl. *Florian* und *Lara* nehmen an diesem Zusammentreffen auch teil. Für *Meinhard* ist es ein sehr anstrengendes Gespräch. *Dr. B.* bewilligt sofort ein Pflegebett und einen Rollstuhl, jedoch die Einstufung in eine Pflegestufe bestimmt letztendlich die Pflegeversicherung.

Am 05.02.2010 massiert *Dr. T.* das rechte Schultergelenk nur sehr leicht, dennoch stellen sich gegen Abend wieder unerträgliche Schmerzen in der Schulter ein. *Meinhard: „Ich will noch nicht sterben. Ich kämpfe für euch. Mäuschen hilf mir. Ich falle gleich in Ohnmacht!"* Vier Stunden geht dieses furchtbare Spiel.

Am nächsten Morgen sind wir beide von der Nacht gezeichnet. *Meinhards* Körper verlangt fast den ganzen Tag nach Bettruhe, jedoch können wir uns heute seit längerer Zeit an einem gemeinsamen Frühstück erfreuen. Starke Schmerzen stellen sich nach kurzer Zeit im rechten Arm, in der Leiste, im Becken und im Bein ein. Die Lymphknoten in der rechten Leiste schwellen an, sobald er sitzt oder sich bewegt. Das Laufen ist schon sehr schwierig und das Treppensteigen ist ein ganz großes Problem.

Die Schmerzattacken, so nennt *Meinhard* es, kommen in immer kürzeren Abständen. So auch am frühen Abend des 12.02.2010. Er zittert am ganzen Körper und ist völlig weggetreten. *Meinhard: „Der Schmerz ist überall. Es fühlt sich an, wie ein Klumpen im Unterleib. Ich kann gar nicht mehr lokalisieren, wo der Schmerz ist!"*

Nachdem *Meinhard* wiederum die ganze Nacht keinen Schlaf gefunden hat, sitzt er völlig erschöpft am nächsten Morgen am Frühstückstisch. *Meinhard: „Ich bin so traurig und unglücklich. Mäuschen verzeih' mir, wenn ich mal nicht gut zu dir war. Halte mich noch fest!"* Tränen fließen bei uns beiden. Ich: *„Du bist das Beste, was ich haben durfte. Du wirst immer in unserer Mitte sein!"*

In den kommenden Tagen äußert *Meinhard* immer wieder den Wunsch zu leben und bei uns zu bleiben. Die sehr starken Schmerzen in den Gelenken zwingen ihn dazu, fast nur im Bett zu liegen. Sein Gesundheitszustand verschlechtert sich zu zunehmend. Er schläft, d. h., er döst vor sich hin. *Meinhard*: **„Es lässt sich besser in Trance sterben als unter Schmerzen!"**

Pflegestufe 2 wird mit Schreiben vom 16.02.2010 von der Pflegeversicherung festgelegt.[22] Das Pflegebett und den Rollstuhl lehnt *Meinhard* ab.

Wir versuchen es am 18.02.2010 nochmals bei der Physiotherapeutin *Frau K.* mit einer Lymphdrainage, obwohl es ein absoluter Kraftakt ist. Gegen Abend kommt die „Schmerzattacke". *Florian* und *Lara* unterstützen mich. Eine/r hält *Meinhards* Hand, die/der andere streichelt seinen Kopf und die/der andere berührt ganz leicht seine Beine. Er ist wie im Schockzustand. Das rechte Bein schwillt an. *Meinhard*: **„Der ganze Unterleib fühlt sich wie ein Klumpen an. Ich will bei Euch bleiben!"** Wir können nur zuschauen. Nicht helfen können, das tut so weh. Ich weiß nicht, ob die Kinder oder ich diese Bilder je vergessen können?

Ins Büro kann ich – aufgrund der „schlechten Nacht" – am nächsten Tag nicht gehen. Den Termin bei *Dr. T.* sage ich ab. *Meinhard* verbringt die nächsten Tage im Bett. Wir wissen nicht, wie viel Zeit uns noch bleibt?

Aufgrund der anhaltenden Müdigkeit und Kraftlosigkeit erfolgt am 22.02.2010 eine Blutentnahme. Der Transport in die Praxis von *Dr. N.* gestaltet sich sehr schwierig, da das Gehen sehr schwer fällt. In der Praxis bitte ich *Dr. N.*, zukünftig zu Hausbesuchen zu kommen.

---

[22] **Pflegestufe II - Schwerpflegebedürftigkeit**
Die „Schwerpflegebedürftigkeit" beginnt, wenn täglich durchschnittlich mindestens drei Stunden lang Hilfe geleistet werden muss und davon mindestens zwei Stunden auf die Grundpflege entfallen. Die grundpflegerische Hilfe muss täglich zu mindestens drei verschiedenen Zeiten nötig sein. Es muss mehrmals in der Woche hauswirtschaftliche Hilfe notwendig sein. ... , unter: http://www.pflegestufe.info/pflege/pflegestufe_2.html.

Ich lasse *Meinhard* ungern allein. Mein Lieblingshobby, Doppelkopfspiel mit meinen Mädels, stelle ich zurück und meine Arbeitszeit verkürze ich ständig. Ich habe ein schlechtes Gewissen, wenn ich im Büro und nicht bei *Meinhard* bin. Unsere Zeit ist begrenzt.

Kapitel 18
Nur noch ein Jahr Lebenserwartung? –
ich brauche eine Psychotherapeutin

Die Blutergebnisse erfrage ich persönlich in der Praxis, wobei *Dr. N.* mir in einem Gespräch zu verstehen gibt, dass es sich evtl. nur noch um ein Jahr an Lebenserwartung handelt. Tränen fließen. Der PSA-Wert wird auf **263.32 ng/ml** bestimmt.

Am Abend stellen sich bei *Meinhard* Übelkeit und Erbrechen ein, sodass ich mich – ohne lange zu zögern – entschließe, am nächsten Tag nicht ins Büro zu gehen. Dankbar bin ich für das Verständnis meiner Arbeitskolleginnen und -kollegen und natürlich auch meinem Arbeitgeber. Ich darf mir die Arbeit so einteilen wie ich möchte, kann also kommen und gehen wie es der Gesundheitszustand von *Meinhard* erlaubt.

Die körperliche Verfassung ist so schlecht, dass er kaum noch etwas allein bewältigen kann. Wir müssen ihn regelmäßig mit Flüssigkeit versorgen, die Körperpflege wird immer anstrengender, und die Nahrungsaufnahme hält sich auch in Grenzen. Krankenbesuch wünscht er zzt. keinen mehr. *Meinhard* will auf niemanden mehr Rücksicht nehmen. Möchte nur noch auf seinen Körper hören.

Die Lymphknoten in der rechten Leiste wollen nicht abschwellen. Dadurch ist das rechte Bein sehr stark angeschwollen. Unerträglich sind die Schmerzen in der Harnröhre. So vergehen die kommenden Wochen.

Zwischenzeitlich habe ich für mich persönlich eine Psychotherapeutin zu Rate gezogen. Die Gesprächstermine tun mir gut.

Am Nachmittag des 25.03.2010 haben wir einen Termin zum Katheterwechsel. Den Rollstuhl der Klinik hole ich heute zum ersten Mal zum Auto, da *Meinhard* nicht in der Lage ist, wenige Schritte zu laufen. Das rechte Bein ist ab dem Fuß doppelt so dick wie das linke Bein. Es spannt ganz extrem. Antibiotikum wird wegen einer Harnweginfektion verordnet.

Das rechte Bein ist stark angeschwollen, so dass er es allein nicht mehr anheben kann. Wir versuchen es nochmals mit einer Lymphdrainage.

Er liegt fast die ganzen Tage im Bett. Die Treppenstufen zum Wohnbereich zu steigen sind für ihn eine Qual. Ich spiele mit dem Gedanken, einen Treppenlift einbauen zu lassen.

Der Frühling hält Einzug. *Meinhard* kann ihn leider nicht genießen. Die Schmerzen lassen nicht nach. *Dr. N.* kommt immer häufiger zum Hausbesuch. In der Nacht zum 29.03.2010 fahre ich *Meinhard* in die Notaufnahme des Klinikums Osnabrück. Der Urin läuft neben dem Katheter aus der Bauchdecke. Entsetzlich. Der Transport ist für uns beiden so beschwerlich.

Am Abend des 30.03.2010 leidet *Meinhard* an sehr starken Oberbauchschmerzen. Ich erwäge, evtl. *Dr. N.* zu rufen. *Florian* und *Lara* unterstützen mich. Völlig erschöpft finde ich irgendwann in der Nacht in den Schlaf.

Die Oberbauchschmerzen stimmen mich sehr bedenklich. Am Mittag des 31.03.2010 fahren wir zur Klärung in die Urologie des Klinikums Osnabrück. Das Antibiotikum wird umgestellt, da *Meinhard* sich seit Tagen erbricht. Erinnerungen vom vergangenen Sommer kommen wieder hoch. Warum das Erbrechen? Ist es das Antibiotikum oder Wasser, das in den Bauchraum drängt?

Meine Freundin *Anette* übernachtet am Karfreitag, dem 02.04.2010, bei uns. Es hat mich sehr gefreut, dass Meinhard es zugelassen hat, denn für sich persönlich erträgt er sehr schwer Besuch. *Anette* bekommt die abendliche „Schmerzattacke" mit und ist erschüttert. *Meinhard: „Lutz und du Anette, sorgt euch bitte um Marion!"* Das geht mir persönlich sehr nahe.

An den kommenden Ostertagen lasse ich meinen Körper zur Ruhe kommen. Mein Job, den ich nicht mehr voll ausüben kann, die Pflege, der Haushalt und der fehlende Schlaf sind sehr kräftezehrend.

Jetzt treten auch noch Darmprobleme auf. Ein Druckgefühl! Die Übelkeit verstärkt sich. *Meinhard* steht nur noch zu den Mahlzeiten auf. Das Duschen wird zur Qual. Er weint häufig. Es zerreißt mir das Herz, ihn so leiden zu sehen. Was für ein Leben!?

Abwechslung findet *Meinhard* unter anderem, wenn er mit *Florian* die Bundesligaspiele schaut oder *Lara* ihm aus der Zeitung vorliest.

Da das Treppensteigen immer mühseliger wird, habe ich am 22.04.2010 einen Kostenvoranschlag für den Einbau eines Treppenliftes eingeholt. Der „Medizinische Dienst" befürwortet diesen sehr zeitnah. Den vom „Medizinischen Dienst" bewilligten Rollstuhl beschafft *Lara* am 27.04.2010 von einem Orthopädiegeschäft.

Der 01. Mai 2010, unser Verlobungstag vor 34 Jahren. Ich darf nicht zurückblicken. *Meinhard* geht es sehr, sehr schlecht. *Meinhard*: *„Mäuschen, ich glaube, ich muss jetzt sterben. Ich will noch nicht. Ich habe nur noch geistige Kräfte."* Ich halte seine Hände, streichele sein Gesicht ganz vorsichtig und wir weinen zusammen.

Der Treppenlift wird am 03.05.2010 installiert. *Meinhard* liegt fast nur noch im Bett. Sobald ich ihm beim Aufstehen helfe und er das Bett verlässt, spannt das rechte Bein. Der Bauchraum und der Oberkörper füllen sich immer mehr mit Wasser.

Lara und *Florian* sind zzt. mit dem Geburtstagsgeschenk für ihren geliebten Vater beschäftigt: Ein Hühnerhaus mit zwei Hühnern. *Meinhard* wollte immer schon eigene Hühner haben. Das wird eine Überraschung werden!

Florian mit *Oma Gertrud* und den Hühnern „*Frieda*" und „*Sprotte*"

Die Überraschung mit den Hühnern ist uns zwar gelungen, aber *Meinhards* 56. Geburtstag am 08.05.2010 verläuft sehr freudlos. Er schafft es, für ca. eine Stunde im Kreise seiner Familie und seinen engsten Freunden zu sein. Ohne Treppenlift ist es für ihn nicht mehr möglich, in den Wohnbereich zu gelangen.

Der Besuch von *Lutz* am 09.05.2010 ist für *Meinhard* sehr anstrengend – aber auch wohltuend. Gegen Abend bekommt er eine Schmerzattacke, die bis in die tiefe Nacht anhält. Wir, *Lara*, *Florian* und ich, sitzen am Bett. *Meinhard*: **„Mäuschen ich will sterben! Ich will keinen Besuch in der kommenden Woche!"**

Die folgenden Tage und Wochen sind ähnlich. Gezeichnet von Schmerzen. Ich gehe nur noch ins Büro, wenn eines der Kinder bei *Meinhard* ist, denn wir können ihn nicht mehr allein lassen. Es gibt Tage, da will *Meinhard* sterben und dann gibt es Tage, wo er bei uns bleiben will. *Meinhard*: *„Warum ich? Das ist so ungerecht. Es muss doch irgendwann besser werden!"* Was muss dieser liebenswerte Mensch noch ertragen? Bei mir kommen immer häufiger die Gedanken, dass er den Kampf gegen den Krebs verliert.

Mitte Mai stellt sich stark blutender Stuhlgang ein. Die Frage nach Darmkrebs kommt auf. Der angeschwollene Lymphknoten in der rechten Leiste ärgert. Er drückt alles ab. *Meinhard*: *„Das Bein gehört mir gar nicht mehr. Ich möchte so gern wieder laufen können!"* Er ist sehr verzweifelt.

Am 23.05.2010 hat Freund *Heinz* Geburtstag. *Heinz* kommt für ca. eine Stunde zu uns.

Der Katheterwechsel am 11.06.2010 ist wieder einmal für uns beide ein Kraftakt. Hormontherapie kommt erneut zur Sprache. *Meinhard* zu *Dr. B*. *„Sie machen Ihr Experiment und ich gehe meinen Weg!"* Der PSA-Wert wird am 16.06.2010 auf **312,86 ng/ml** bestimmt.

Da *Meinhards* Gesundheitszustand sich in den nächsten Wochen so sehr verschlechtert, entscheide ich mich für eine ½jährliche Pflegezeit. D.h., eine Freistellung von meinem Beschäftigungsverhältnis. Die Pflegezeit beginnt am 01.07.2010.

Kapitel 19
Die letzte Lebensphase bis zum Tod

Der Sommer 2010 ist unglaublich heiß. Die Schwüle macht *Meinhard* extrem zu schaffen. Ventilatoren sind überall ausverkauft.

Seit dem 14.07.2010 – bis zu seinem Tod am 13.03.2011 – liegt *Meinhard* nur noch im Bett. Der „Medizinische Dienst" der Pflegeversicherung legt ab dem 01.07.2010 die Pflegestufe 3[23] fest. Die Nahrungsaufnahme allein zu bewältigen ist für ihn nicht mehr möglich.

In den nun folgenden Monaten zeigt *Meinhard* wenig Interesse, die Zeitung zu lesen oder fernzusehen und er wünscht, dass Nachbarn oder Bekannte nicht mehr zu ihm kommen. Er kann nur noch wenige – ihm vertraute – Menschen um sich haben.

In seinen unruhigen Träumen hält er Rückblick auf sein Leben. Hat Angst, dass er uns nicht mehr beschützen kann. Er schläft oft mit halb offenen und nach hinten verdrehten Augen. Die körperliche Energie wird immer weniger und er hat nicht das Bedürfnis zu sprechen. Stillsein ist wichtiger. Seit dem September 2010 sammelt sich vermehrt Wasser im oberen Brustbereich und im linken Oberschenkel. Die Lymphknoten im Beckenbereich sind sehr extrem angeschwollen. Selbst das Abtrocknen nach der Körperpflege schmerzt.

Im Oktober leidet *Meinhard* unter fast unerträglichen Knochenschmerzen in den Unterschenkeln. Der ganze Körper ist „übersät" mit sichtbaren Lymphknoten und die Mundschleimhaut ist unangenehm trocken, sodass er nur pürierte Mahlzeiten zu sich nehmen kann. Er hat großes Verlangen zu trinken. Immer wieder befeuchte ich seine Lippen.

Ab Ende Oktober findet die Körperpflege ausschließlich im Bett statt. Die Katheterwechsel im Klinikum Osnabrück können nur durch einen Liegendtransport mit dem Rettungswagen stattfinden. *Meinhard* schließt mit dem Leben ab. Auch für *Florian* und *Lara* ist es sehr schmerzlich, den lieben Vater so leiden und sterben zu sehen. *Meinhard* zu *Lara*: *„Mäuschen Lara, ich habe so gekämpft. Meine Kraft ist zu Ende!"*

---

[23] **Pflegestufe III – Schwerstpflegebedürftigkeit** – Die „Schwerstpflegebedürftigkeit" beginnt, wenn täglich durchschnittlich mindestens fünf Stunden lang Hilfe geleistet werden muss und davon mindestens vier Stunden auf die Grundpflege entfallen und der konkrete Hilfebedarf jederzeit, auch nachts, gegeben ist (rund um die Uhr). Die schlichte Verlagerung von Pflegemaßnahmen in die Nachtstunden (22 Uhr - 6 Uhr) reicht nicht aus (die BRi dazu). … , unter: http://www.pflegestufe.info/pflege/pflegestufe_3.html.

Wir müssen versuchen loszulassen, ansonsten bereiten wir ihm durch unser Festhalten unnötiges Leid.

Auf *Meinhards* Wunsch hin besucht ihn am 02.11.2010 *Herr J.*, ein Mitarbeiter des Osnabrücker Hospizes. Unter Tränen, mit flüsternder Stimme und voller Stolz bringt *Meinhard* zum Ausdruck, dass seine Familie ihn sehr gut pflegt. Er möchte, solange es meine Kräfte zulassen, zu Hause und nicht im Hospiz sein. Auch lässt er *Herrn J.* wissen, dass er weiterhin kämpft und Hoffnung hat, den Kampf gegen den Krebs nicht zu verlieren.

Herr J. ist sehr anteilnehmend und bestätigt, dass die Pflegekräfte des Hospizes ihm keine bessere Pflege zukommen lassen könnten. Die Mitarbeiter des Osnabrücker Hospizes kommen auf Wunsch der sterbenden Menschen und deren Angehörigen nach Hause und wenden sich den Sterbenden im Gespräch, im Zuhören oder im Schweigen zu. In dieser Zeit sollen die pflegenden Angehörigen entlastet werden.

Auf eine einfühlsame Art versucht *Herr J.* zu vermitteln, dass die Zeit, die noch bleibt, mit Morphin lebenswerter ist. Also dem Leben nicht mehr Tage, sondern den Tagen mehr Leben geben. *Meinhard* möchte sich noch nicht entscheiden.

Der Bauchdeckenkatheter macht immer öfters Ärger. So auch am 12.11.2010. Der Urin läuft wieder mal neben dem Katheter aus der Bauchdecke. Zur Klärung des Problems organisiere ich für nachmittags einen Termin im Klinikum. Die Sanitäter vom Rettungsdienst tragen *Meinhard*, in einem Tragetuch gebettet, aus seinem Bett nach unten auf die Trage. Jede Berührung schmerzt. Er ist sehr angespannt und bringt gegenüber den Sanitätern wiederholt zum Ausdruck, wie gut ich ihn pflege und dass er stolz auf mich ist.

Die Schmerzen werden in den nächsten Wochen unerträglich. Es gibt nicht eine Stelle am Körper die nicht schmerzt, was die Körperpflege enorm erschwert. Ohne Mithilfe von *Lara* – bei der Körperpflege – wäre eine Pflege zu Hause nicht mehr möglich.

Anfang Dezember 2010 äußert *Meinhard* mir gegenüber: *„Mäuschen, ich glaube, ich muss ‚tschüss‘ sagen. Wenn ich morgen auch noch so starke Schmerzen habe, bring‘ mich bitte auf die Palliativstation in Osnabrück. Ich möchte mich dort mit Morphin einstellen lassen!"* Am nächsten Tag war keine Rede mehr vom Krankenhaus. „Weiter kämpfen!" heißt die Devise.

Meinen Geburtstag am 17.12.2010 feiere ich nicht. Über den Überraschungsbesuch von meinen lieben Arbeitskolleginnen am Vormittag habe ich mich dennoch sehr gefreut.

Das Weihnachtsfest geht an unserer Familie vorbei. Am Heiligen Abend sitzen/liegen die Kinder und ich an/in *Meinhards* Bett. Eine sehr bedrückende Stimmung.

An so besonderen Tagen gibt es emotionale Momente. *Meinhard: „Mäuschen, ich stehe immer als Stern am Himmel und beschütze Dich!"*

Zu einem Überraschungsbesuch kommt am 27.12.2010 *Dr. T.* Es ist für beide eine sehr gute Zeit.

Henrik B., ein Jagdkollege, besucht *Meinhard* am 29.12.2010 und ist sehr betroffen, ihn – so vom Krebs gezeichnet – zu sehen.

Meinhard kann absolut keine feste Nahrung mehr zu sich nehmen. Die Brechreize sind erschreckend und ich habe Angst, dass er daran erstickt. Seit Mitte Dezember beobachten wir die Luftnot. *Meinhard: „Speiseröhre. Noch einen Krebs schafft mein Körper nicht!"* Die Stimme ist auch nicht mehr kräftig. Er kann nur noch flüstern.

Meine Pflegezeit ist am 31.12.2010 beendet und ich entschließe mich, im Januar Urlaub zu nehmen. *Meinhard* allein lassen geht nicht mehr. Ausgeschlossen! Die Zeit der Pflege werde ich nie bereuen, denn die kann uns niemand nehmen.

Am Sylvestertag verweilen *Heinz* und „*Irmi*" bis 23:00 Uhr mit an *Meinhards* Bett. Es wird über „alte Zeiten" und Abschied nehmen gesprochen. Eine sehr bewegte Situation für uns alle.

Ich komme an die Grenze meiner Belastbarkeit. Wie lange wird meine Kraft noch reichen, da ich nur noch stündlich schlafen kann. Fast totaler Schlafentzug! Psychisch und physisch bin ich fertig, und mein Lendenwirbel ist von der Pflege angegriffen.

Meinhard: „Mäuschen, wenn unsere Liebe darunter leidet, d.h., wenn du mich hasst, bring' mich bitte ins Hospiz!" Ich: „*Schatz, wenn meine Liebe zu dir nicht so groß wäre, könnte ich dich nicht so liebevoll pflegen!"*

Der Februar beginnt wie der Januar aufgehört hat: Schmerzen und Würgereiz. Die Funktion des rechten Armes ist total eingeschränkt und die „Beinchen" kann *Meinhard* nicht mehr allein aufstellen oder anziehen. Die Nahrungsaufnahme wird immer schwieriger. Da er keinen Speichelfluss mehr hat, ist die Mundschleimhaut enorm trocken. Ca. 15 Minuten nach der Nahrungsaufnahme tritt Atemnot ein. *Meinhard* ist abgemagert. Im Februar gehe ich nur ins Büro, wenn eines der Kinder zu Hause ist.

Da *Meinhard* bei der Körperpflege nicht mehr mitarbeiten kann, wird diese immer anstrengender. Am 24.02.2011 nehmen wir zusammen wieder ein Stück Abschied. *Meinhard* ganz leise und heiser: *„Ich habe so viel Glück mit meinen Kindern und mit dir!"* Wir weinen zusammen.

Die Luftnot nimmt Anfang März gewaltig zu, sodass ich einen Sauerstoffkonzentrator[24] ins Haus kommen lasse. Am Hals ertaste ich einen großen Knubbel. Kehlkopfkrebs? Wir sprechen darüber. *Meinhard: „Dann lasse ich mich mit Morphin wegspritzen!"* Er verlangt am 06.03.2011 einen Spiegel und er sieht das Todesdreieck im Gesicht. *Meinhard: „Mäuschen, ich glaube es ist bald soweit!"* Wir spüren alle, dass *Meinhard* den Krebs nicht besiegen kann und uns bald verlassen wird.

---

[24] Ein **Sauerstoffkonzentrator** ist ein Gerät, das über eine Filtermembran aus der Umgebungsluft Sauerstoff gewinnt. – Sauerstoffkonzentratoren werden in der Medizin bei Patienten eingesetzt, die regelmäßig auf Sauerstoffgaben angewiesen sind (Sauerstoff-Langzeittherapie). Daneben kommt noch der Einsatz von Flüssigsauerstoff und besonders in der Notfallbehandlung Sauerstoff in Druckgasflaschen zur Anwendung. Bei anderen Einsatzgebieten (Gesundheitsvorsorge, Kosmetik, Wellness, Stressabbau) ist eine gesundheitliche Wirkung nicht belegt. Patienten, die krankheitsbedingt auf eine regelmäßige Sauerstoff-Zufuhr angewiesen sind, können mit Hilfe von Sauerstoff-Konzentratoren den notwendigen Sauerstoff erzeugen und sind nicht auf Druckgasflaschen oder Flüssigsauerstoff-Systeme angewiesen. ... (Sauerstoffkonzentrator – Wikipedia)

Unsere Hände: *Meinhard* und *Marion* im März 2011

Dr. R., *Meinhards* HNO-Arzt, nimmt am 09.03.2011 eine Kehlkopfspiege-
lung bei ihm im Bett vor. Ein Stimmband ist gelähmt. Lymphknoten blo-
ckieren die Stimmbänder. Was für ein Ende! Nahrungsaufnahme ist nicht
mehr möglich und Flüssigkeit kann er nur sehr schwer schlucken. Nach
dem Trinken kommt Luftnot.

Am 13.03.2011 ist die Luftnot ganz extrem. Die Lunge rasselt. Die Körperpflege geht heute nur in ganz langsamen Etappen. *Meinhard* erträgt keine Berührungen. In den Erholungspausen drückt er *Laras* und meine Hand.
Er weint und spürt, dass er stirbt. Nachmittags kann er mit *Florian* das
Fußballspiel VfL Osnabrück gegen Energie Cottbus nur dösend am Fernse-
her wahrnehmen. Die Augen sind halboffen und er wird sehr unruhig.
Während des Spiels verlangt er wegen der extremen Luftnot nach *Dr. A.*,
einem Arzt aus der Nachbarschaft. *Meinhard* droht zu ersticken. *Dr. A.* eilt
sofort zur Hilfe. *Meinhard* zu *Dr. A.*: *„Bitte hilf' mir!"* Er beruhigt *Meinhard* und erklärt ihm und uns, dass jetzt Morphin eingesetzt werden muss.
Dann ruft er den Notarzt.

Der Notarzt verabreicht noch zu Hause eine Dosis Morphin. Wir sind in
dieser Zeit bei *Meinhard* und begleiten ihn. Seine letzten Worte: *„Ich habe
Angst. Mir wird so warm und es kribbelt im ganzen Körper!"* Innerhalb
von drei Minuten ist *Meinhard* nicht mehr ansprechbar.

Ganz vorsichtig – in einem Tragetuch gebettet – wird er nach unten auf die Trage gelegt und der Rettungswagen fährt ihn ins Franziskushospital Harderberg nach Georgsmarienhütte. Es geht alles so schnell. Die Krankenschwester gibt mir zu verstehen, dass *Meinhard* im Todeskampf ist. Ich habe das nicht realisiert. Mit Hilfe eines Diffusors wird ihm über einen venösen Zugang permanent Morphin zugeleitet.

Im Sterbezimmer haben wir nun die Möglichkeit, von unserem Liebsten Abschied zu nehmen. Wir sitzen ruhig an seinem Bett und geben *Meinhard* das Gefühl, dass er nicht allein ist. Er spürt, dass wir ihn in Liebe und Achtsamkeit gehen lassen.

Meinhards Atmung wird sehr unregelmäßig und verändert sich in eine Schnappatmung. Sein Bewusstsein schwindet.

In unserem Beisein verstirbt meine große Liebe und der liebende und fürsorgliche Vater um 20:10 Uhr. Freund *Heinz* war bis 10 Minuten vor *Meinhards* Tod im Sterbezimmer und hatte die Möglichkeit, „tschüss" zu sagen. Wie von *Meinhard* gewünscht, öffnen wir nach seinem letzten Atemzug das Fenster, damit nun seine Seele frei sein kann. Seine Seele lebt weiter. Sie wechselt jetzt lediglich ihren Aufenthaltsort und ihre Hülle.

Meinhard ist nun schmerzfrei und sein Gesicht strahlt Entspannung und Frieden aus. Wir haben unendlich viel verloren! Was bleibt, ist Liebe!

Kapitel 20
Meinhards Tod und der endgültige Abschied

Foto privat

**Trauerfeier für Dr. Meinhard Schäfer
am 17. März 2011
in der evangelischen Schlosskirche Bad Iburg**

Liebe Frau Schäfer, liebe Lara, lieber Florian,
liebe Angehörige und Freunde von Meinhard Schäfer!

Dieser Tag fällt uns schwer, denn wir müssen endgültig Abschied nehmen
von Ihrem Ehemann, Eurem Vater, dem Sohn und Schwiegersohn, dem
Bruder, Angehörigen und Freund Dr. Meinhard Schäfer.
In Liebe und in Traurigkeit sind wir ihm in dieser Stunde verbunden. Wir
denken zurück an das gemeinsame Leben, an die glücklichen Momente,

aber auch an das Schwere, das Sie gemeinsam mit ihm getragen und durchgestanden haben. Wir danken Gott, für diesen besonderen Menschen und für die gemeinsame Zeit, die er uns mit ihm geschenkt hat.

Der endgültige Abschied schmerzt. Wie schwer ist das für uns zu verstehen, dass unser Leben begrenzt ist und wir alle sterben müssen. Der eine eher, der andere später.

All unser menschliches Reden darüber ist Stückwerk. Davon haben wir in der Bibellesung gehört: „Unser Wissen ist Stückwerk und unser Reden ist Stückwerk."

Und auch ein gelebtes Leben ist vor der Ewigkeit Gottes Stückwerk, das der Vollendung noch entgegengehen muss.

Dieser Weg führt durch den Tod hindurch. „Wenn aber kommen wird das Vollkommene, so wird das Stückwerk aufhören."

Paulus will damit sagen: Dann werden wir Gott sehen und verstehen. Unser Leben ist mehr als das Leben in dieser Welt und in dieser Zeit, das wir kennen und erkennen. Leben im christlichen Verständnis geht über den Tod hinaus in Gottes Ewigkeit.

Ein schwerer Gedanke, weil wir die Ewigkeit nicht begreifen können und der Tod eines geliebten Menschen uns dagegen schwer trifft.

Wir wissen zwar mit dem Kopf, dass wir sterben müssen, es ist das einzige, was wir sicher wissen über unser Leben, aber wir wünschen eigentlich von Herzen, dass alles so bleiben möge, wir die Zeit anhalten könnten, wir nicht ohne ihn sein müssten, er noch immer unter uns sei, der Ehemann und Vater. Unsere Augen sehen ihn ja noch, unsere Ohren hören ihn vielleicht noch. Unbegreiflich, dass er nicht mehr um uns ist.

Und dennoch bleibt etwas: Die Liebe hört niemals auf, betont Paulus. „Nun aber bleiben Glaube, Hoffnung, Liebe, diese drei, aber die Liebe ist die größte unter ihnen."

Das verstehen wir schon eher. Meinhard Schäfer ist unter uns, wo wir heute spüren, was er uns an Liebe gegeben hat. Die Liebe ist das Band, das stärker ist als der Tod.

Albert Schweitzer hat einmal gesagt: Das wichtigste im Leben sind die Spuren der Liebe, die wir hinterlassen, wenn wir weggehen.

Wenn ein Mensch so begleitet wurde, wenn er so betrauert und beweint wird wie Meinhard Schäfer, dann lässt das etwas ahnen von den Spuren seines Lebens.

Meinhard Schäfer wurde am 8. Mai 1954 geboren, er wuchs zusammen mit seiner jüngeren Schwester Heike in Bad Iburg auf. Er wusste, was er für sein Leben wollte und ist sehr früh seinen eigenen Weg gegangen.

Er wollte das Gymnasium besuchen und er wollte Zahnmedizin studieren. Ein Ziel, das er beharrlich verfolgt hat und schließlich auch erreicht. Nach einer kurzen Zeit bei der Bundeswehr und einer Ausbildung gelang es ihm 1981 mit seinem Studium in Münster zu beginnen und 1990 seine eigene

Praxis in Lengerich zu eröffnen, später hat er sogar seine Ausbildung durch den Masterabschluss erweitert. Sehr früh, liebe Frau Schäfer haben Sie diesen Weg Ihres Mannes geteilt. Sie haben ihn unterstützt während des Studiums und in den Jahren der Selbstständigkeit. Seit 1979 sind Sie verheiratet und haben sich mit der Praxisgründung hier in Bad Iburg ein eigenes Zuhause geschaffen. Lara und Florian, Ihr beiden habt das Glück Eurer Eltern vollkommen gemacht. Euer Vater war für Euch da, er hat Euch in Fürsorge begleitet und Euch gefördert. Er war stolz auf Euch und sicher war es ein großer Schmerz für ihn, dass er seine Familie vor der Zeit verlassen musste, die Sie alle sich erhofft hatten. Fast bis zuletzt hat er deshalb noch Hoffnung gehabt, seine schwere Krankheit besiegen zu können.

Die letzten Monate und Wochen waren für alle schwierig. Seinem Leid zusehen müssen, ihm keine Erleichterung verschaffen zu können, das war schwer. Aber durch Ihr Aushalten haben Sie ihm Ihre Liebe gezeigt und ihm Kraft gegeben.

Doch heute denken wir nicht nur an die letzten Wochen und Monate zurück. Sie tragen auch schöne Erinnerungen in Ihren Herzen.

Mit der Selbstständigkeit Ihres Mannes und Eures Vaters ging wenig Freizeit einher. Aber die gemeinsame Zeit und die gemeinsamen Urlaube wiegen umso stärker.

Meinhard Schäfer liebte das Meer.

Den Blick über das Wasser in die Weite schweifen lassen, einen Sonnenuntergang erleben und den Horizont im Blick, sich alle schweren Gedanken nehmen lassen, sich frei fühlen und dabei vielleicht auch ahnen, dass Leben so viel mehr ist als das, was wir sehen können.

Auch die Kameradschaft und die Gemeinschaft mit anderen war ihm wichtig. Er war leidenschaftlicher Jäger und Mitglied im Schützenverein. Man konnte gut mit ihm feiern und lachen. Er hatte noch so viele Pläne und Träume. Gerne hätte er mehr Zeit für Familie und Freunde gehabt. So suchte er auch beruflich nach neuen Möglichkeiten einer Praxisgemeinschaft.

Er hatte keine Angst, neue Wege zu wagen.

Wenn er nur von einer Sache überzeugt war, setzte er sich dafür ein und kämpfte dafür.

Wir werden nachher zum Ausgang von Frank Sinatra hören: My Way. Ein Lied das er sich gewünscht hat. Er hat von Anfang an seinen ganz eigenen Weg gesucht und gefunden.

Nun endet dieser Lebensweg. Er hat im Kreis seiner Familie loslassen können, was ihm das Kostbarste war und was er gerne festgehalten hätte: seine Familie und das Leben mit ihr.

Auf dem Foto, das in der Kirche aufgestellt ist, geht sein Blick erwartungsvoll in die Weite.

So, als wollte er sagen: schauen wir, was nun auf uns zukommt.
Und das war sein Glaube und seine Hoffnung:
Es geht weiter. Wie es weitergeht, können wir Menschen nicht sagen. Aber vertrauen und hoffen können wir: auf den Gott, der uns und alles geschaffen hat.
In Trauer nehmen wir Abschied von Dr. Meinhard Schäfer und in Liebe. Wir konnten ihn nur begleiten bis zur Grenze. Wir vertrauen darauf, dass Gott ihn jenseits dieser Grenze aufnimmt, ihm Frieden schenkt und ihn sein Licht schauen lässt. Amen.
Amen.

Traueranzeigen in der „Neuen Osnabrücker Zeitung"

Statt Karten

Leben ist das, was passiert,
während du dabei bist,
andere Pläne zu machen.

Dr. Meinhard Schäfer

* 8. Mai 1954 † 13. März 2011

Wir haben unendlich viel verloren.

In Liebe:

Deine Marion
Dein Florian
Deine Lara
und alle Angehörigen

49186 Bad Iburg, Vossegge 37

Die Trauerfeier und Beisetzung hat im engsten
Familien- und Freundeskreis stattgefunden.

Dr. Meinhard Schäfer

Es ist schon schwer genug den Tod zu akzeptieren,
aber richtig weh tut es, wenn ein Freund stirbt.
Mit Meinhard Schäfer verlieren wir nicht nur einen
fairen Jagdkameraden, sondern einen echten Freund.

Seine fundierte Kompetenz in vielen Bereichen, sein
unverwechselbarer, individueller Humor, der stets mit
einem Schuss Esprit gespickt war und letztendlich sein
unerschütterlicher Optimismus, - all das verdient unsere
große Hochachtung. Unsere innige Anteilnahme und
unser tief empfundenes Mitgefühl gilt seiner Familie.

Die Ostenfelder Jagdgemeinschaft

Meinhards Grabstätte auf dem Parkfriedhof in Bad Iburg

Foto privat

Ein Jahr nach *Meinhards* Tod in liebevoller Erinnerung:

Dr. Meinhard Schäfer † 13. März 2011

Lieber Papa, lieber Schatz,
heute vor einem Jahr mussten wir Dich loslassen.
Ein Jahr in dem wir lernen mussten ohne Dich zu leben.
Es fällt uns unglaublich schwer.
Alles erinnert uns an Dich.
Die Stille im Haus.
Wenn Deine Lieblingsmusik im Radio läuft.
Das Lied, welches wir am Tag des Abschieds
gemeinsam gehört haben.
Wenn wir durch die Felder laufen und
Deine Jagdkameraden ohne Dich sehen.
Wenn wir Deine Winterjacke tragen,
die noch immer nach Dir duftet.
Die VfL-Spiele.
Die Sonnenuntergänge und der Garten,
den Du so gern noch einmal gesehen hättest.
Deine Ratschläge, Deine Späße und
Dein verständnisvolles Lächeln fehlen uns.
Jetzt passt Du auf uns auf. Wie früher.
Du hast jetzt keine Schmerzen mehr.
Wir versuchen mit dem Unbegreiflichen zu leben.
Du bist unersetzlich.
Und alles was bleibt ist Liebe.

Deine Marion, Deine Lara, Dein Florian

Neue Osnabrücker Zeitung vom 13. März 2012